Mein Forscher-spielbuch

Herausgegeben von der Kinder- und Jugendbuchredaktion des Dudenverlags.

Bibliografische Information der Deutschen Nationalbibliothek
Die Deutsche Nationalbibliothek verzeichnet diese Publikation in der Deutschen Nationalbibliografie; detaillierte bibliografische Daten sind im Internet über http://dnb.ddb.de abrufbar.

Das Wort Duden ist für den Verlag
Bibliographisches Institut GmbH als Marke geschützt.

Alle Rechte vorbehalten.
Nachdruck, auch auszugsweise, verboten.
© Bibliographisches Institut GmbH,
Mannheim 2010   D C B A

Redaktionelle Leitung: Regina Köhler
Lektorat: Karin Bischoff
Autoren: Christina Braun, Ute Diehl,
Monika Diemer
Mit einem Vorwort von Dr. Ilse Wehrmann
Fachberaterin: Prof. Dr. Manuela Welzel-Breuer
Herstellung: Verona Meiling
Layout: Horst Bachmann
Illustration: Martina Badstuber
Umschlaggestaltung: Mischa Acker
Satz: Sigrid Hecker, Mannheim
Druck und Bindung: Stürtz GmbH, Würzburg
Printed in Germany

ISBN 978-3-411-73752-9

Duden

Mein Forscher-spielbuch

Mit einem Vorwort von Dr. Ilse Wehrmann

Dudenverlag
Mannheim · Zürich

Inhalt

Vorwort   6

0–2 Jahre
Für kleine Entdeckerkäfer   9
Tipps für Forschereltern   10
Pflanzen: Ab ins Grüne   12
Wetter: Regenschirm oder Sonnenhut   14
Elemente: Erde, Wasser, Luft und Feuer   16
Tiere: Winzig klein und riesengroß   22
Farben: Ganz schön bunt   25
Schall: Hör doch mal!   28

2–3 Jahre
Für freche Forscherfrösche   31
Tipps für Forschereltern   32
Pflanzen: Ab ins Grüne   34
Wetter: Regenschirm oder Sonnenhut   38
Elemente: Erde, Wasser, Luft und Feuer   42
Tiere: Winzig klein und riesengroß   48
Farben: Ganz schön bunt   54
Schall: Hör doch mal!   58
Technik: Wie geht das?   61

Inhalt

3–4 Jahre

Für clevere Neugiermäuse   **63**

Tipps für Forschereltern   64
Pflanzen: Ab ins Grüne   66
Wetter: Regenschirm oder Sonnenhut   72
Elemente: Erde, Wasser, Luft und Feuer   76
Tiere: Winzig klein und riesengroß   82
Farben: Ganz schön bunt   88
Schall: Hör doch mal!   92
Technik: Wie geht das?   96

4–6 Jahre

Für schlaue Experimentiertiger   **101**

Tipps für Forschereltern   102
Pflanzen: Ab ins Grüne   104
Wetter: Regenschirm oder Sonnenhut   112
Elemente: Erde, Wasser, Luft und Feuer   118
Tiere: Winzig klein und riesengroß   126
Farben: Ganz schön bunt   134
Schall: Hör doch mal!   138
Technik: Wie geht das?   144

Übersicht nach Altersstufen   150
Experimente- und Spieleübersicht   154

Vorwort

Menschen lernen ihr Leben lang. Die Neugier ist der Motor, der uns immer wieder Neues entdecken lässt. Die Frage nach dem „Warum" ist ein Ausdruck dessen. Kinder setzen sich mittels ihrer Neugier mit ihnen noch unbekannten Dingen und Vorgängen ihrer Umgebung auseinander und gewinnen auf vielfältige Weise neue Erkenntnisse. Mit diesem Buch sollen Kinder von frühester Kindheit bis zum Schulalter in ihrer Neugier und ihrem Forscherdrang spielerisch unterstützt werden. Ein kurzer Überblick über das Lernen von Kindern in ihrer Alltagswirklichkeit und die Kompetenzen, die sie als kleine Forscher entwickeln, verdeutlicht das Konzept dieses Buches.

Kinder lernen und gewinnen ständig neue Erkenntnisse. Die Gemeinsamkeit und Verbindung des Denkens und Handelns ist bedeutsam für die Entfaltung der Sinne, das Begreifen stellt eine der grundlegendsten Erfahrungen dar. Selbstbestimmtes Lernen, das experimentell, kreativ und ko-konstruktiv geschieht, fördert die Selbstständigkeit der Kinder. Raum für Fantasie und die Freiheit für eigene Ideen sind dafür notwendige Voraussetzungen.
Aus diesem Grund brauchen Kinder eigene Lernerfahrungen mit Um- und Nebenwegen, manchmal auch Sackgassen, die Lernwege darstellen und auch von Versuch und Irrtum gekennzeichnet sind.
Der Dialog des Lernens zwischen Kindern und Eltern bzw. Erwachsenen soll durch dieses Buch unterstützt werden. Dabei ist es wichtig, dass Erwachsene den Kindern eigene Lernerfahrungen ermöglichen, ohne vorschnell die Lösungen zu präsentieren. Entwicklungspsychologisch ist nachgewiesen, dass Kleinkinder bereits Denkstrukturen aufweisen, die das Verstehen naturwissenschaftlicher Zusammenhänge ermöglichen.
Ihre kognitive Entwicklung schreitet fort, indem sie selbst handeln, mit Erkenntnissen umgehen und auf diesem Weg neues Wissen hinzugewinnen.

Gerade in der spielerischen und eigenständigen Auseinandersetzung mit naturwissenschaftlichen Phänomenen werden vier Kernkompetenzbereiche bei Kindern angesprochen und gefördert: die **Ich-Kompetenz**, die **Sozialkompetenz**, die **Sachkompetenz** und die **Lernkompetenz**.

Vorwort

Die **Ich-Kompetenz** der Kinder steht für die Neugier, das Interesse und schließlich ihre Selbstständigkeit, die sie neben der Freude am Forschen entwickeln. Das spielerische Erforschen stärkt außerdem die **Sozialkompetenz** der Kinder, indem sie lernen, Tiere und Pflanzen zu respektieren, Verantwortung für deren Pflege zu übernehmen und in der gemeinsamen Auseinandersetzung ihre Kommunikations- und Kooperationsfähigkeit zu entwickeln.
Die bei jedem Kind von Natur aus vorhandene Neugier wird in Experimenten und dem Erforschen aufgegriffen, sodass das kindliche Interesse an naturwissenschaftlichen Phänomenen gefördert wird.
Die **Sachkompetenz** der Kinder wird gestärkt, indem sie aktive Lerner, Entdecker und Forscher sein können, Alltagserfahrungen machen und ein naturwissenschaftliches und technisches Verständnis entwickeln.
Schließlich baut sich die **Lernkompetenz** der Kinder immer weiter auf, indem sie aufgrund von eigenständigem Handeln Problemlösungsstrategien entwerfen, ihre Umwelt differenziert wahrnehmen, das gewonnene
Wissen auf neue Situationen übertragen können und schließlich lernen, Vermutungen und Hypothesen aufzustellen.

Um all diese Erfahrungen machen zu können, brauchen Kinder eine anregende Umgebung, in der ihre kindliche Neugier angesprochen wird und sie sich selbstständig mit ihrer Umwelt auseinandersetzen können.
An diesem Punkt setzt das Forscherspielbuch an: Kinder im Vorschulalter erhalten eine Menge an Anregungen, ihrem Forscherdrang allein, gemeinsam mit anderen Kindern oder mit Erwachsenen nachzugehen, sich auszuprobieren und mittels ihrer Neugier ständig neue Erkenntnisse zu gewinnen. Die Altersstufen werden in dem ausführlichen Praxisteil berücksichtigt, der sich in vier Kapitel gliedert, Kinder von 0 bis 2 Jahren, von 2 bis 3 Jahren usw. bis zum 6. Lebensjahr. Ein Theorieteil leitet das jeweilige Kapitel ein, in dem dann maximal sieben Themengebiete behandelt werden: Pflanzen, Wetter, Elemente, Tiere, Farben, Schall und Technik.
Diese Bereiche sind in den einzelnen Kapiteln alters- und entwicklungsbezogen unterschiedlich gewählt und gewichtet. Eine tabellarische Übersicht der Entwicklungsschritte, nach Altersstufen gegliedert, ergänzt dies ebenso wie eine Auflistung aller Experimente und Spiele.

Die Forscherfamilie in diesem Buch, das als Spiel- und Experimentierbuch konzipiert ist, illustriert die gemeinsame Erfahrung von Kindern mit ihren Eltern, anderen Bezugspersonen oder untereinander. Das Buch bietet eine Vielzahl an Experimenten, (Such)spielen, Rätseln, Bastelanregungen und Ideen. Dadurch werden die Kinder der unterschiedlichen Altersgruppen dazu angeregt, zusammen mit den Eltern und später dann auch selbstständig ihre Neugier und Wissbegierde in Experimente einzubringen und Freude und Spaß an naturwissenschaftlichen Phänomenen zu erleben.
Ich danke allen, die zum Gelingen dieser Publikation beigetragen haben, und wünsche allen Kindern und Erwachsenen viel Spaß mit ihrem Forscherspielbuch.

Dr. Ilse Wehrmann
Sachverständige für Frühpädagogik

Symbolerklärung

 Beobachtungen, Spiele und Experimente für drinnen

 Beobachtungen, Spiele und Experimente für draußen

 bis zu 30 Minuten   bis zu 3 Stunden

 mehrere Tage

 Experiment bitte nur mit einem Erwachsenen zusammen durchführen.

0 – 2 Jahre

Für kleine Entdeckerkäfer

Tipps für Forschereltern

Fühlen, Greifen, Erkunden

WAS KANN DAS BABY IN DEN ERSTEN MONATEN?

Ihr Baby ist zwar noch sehr klein und völlig auf Sie angewiesen, aber es lernt ständig dazu und kann jeden Tag mehr. Es beginnt, Erfahrungen mit den Dingen in seiner Umgebung zu sammeln, und entdeckt dabei seine Umwelt zunächst rein körperlich und mit allen Sinnen. Da sind z. B. die Wärme der Mutter, die Weichheit der Haut und des Kuscheltiers, die Zartheit von Berührungen, ein raues Handtuch, der kühle Wind, die warme Milch, aber auch helles Sonnenlicht und kuschelige Dunkelheit. Nasse Windeln am Po und laute Geräusche sind unangenehm, ein warmes Bad und leises Flüstern wohlig. Soziale Beziehungen und kommunikative Verständigung sind für das Erleben und Erfahren grundlegend. Die Bezugspersonen – insbesondere Sie als Eltern – sind hierbei sehr wichtig. Sie geben Ihrem Kind Zuwendung und Geborgenheit, reagieren aber auch auf alle Aktionen und Handlungen. Sie zeigen dem Kind, ob es Angst haben muss oder mutig weiter entdecken darf. Sie schützen es davor, Schaden zu nehmen. Das Kind nimmt Sie wahr: Es vertraut Ihnen, es hört Sie, fühlt Sie, riecht Sie, sieht Sie, es schmeckt Sie. Das ist außerordentlich wichtig, denn es beginnt, den Dingen und Personen seiner Umwelt erste Bedeutungen zu geben, sie zu unterscheiden und die eigenen Aktionen und Reaktionen darauf auszurichten. Die Sinne entwickeln und differenzieren sich aus. Ihr Kind weiß sehr bald, was angenehm oder unangenehm ist. Am Klang Ihrer Stimme kann es die Situation einschätzen.

WAS KANN DAS KLEINKIND?

Nach nur 7–8 Monaten ist aus dem Baby ein Kleinkind geworden, das munter und mobil seine Umgebung erforscht. Es richtet sich selbst auf, kann erst krabbeln, dann mit Hilfestellung und schon bald alleine laufen. Die Motorik und die Feinmotorik werden allmählich besser koordiniert. Es kann die Dinge, die es sieht, bald alleine erreichen und erkunden. Je mehr Anregung und Bewegungsspielraum Ihr Kind nun bekommt, umso mehr kann es von der Welt erfahren. Der Horizont erweitert und der Blickwinkel verändert sich. Das ist natürlich sehr spannend. Das Kleinkind erkennt Dinge wieder, es lernt, Personen und Spielzeug voneinander zu unterscheiden, Situationen einzuschätzen. Ganz neue Erfahrungen mit dem Raum werden möglich und intensiv genutzt. Ständig müssen Sie aufpassen, dass es keinen Schaden nimmt. Sie sind gefordert, bei Entdeckungstouren zu helfen: Neue Körpererfahrungen kommen durch das Krabbeln, Aufrichten und Laufen hinzu. Wird das Kind getragen, im Kinderwagen geschoben oder läuft es, erlebt es die Welt jeweils ganz unterschiedlich: Auf Ihrem Arm oder den Schultern nimmt es die

0–2 Jahre

Umgebung aus einer anderen Perspektive wahr, im Wagen sitzend ist plötzlich alles in Bewegung, obwohl das Kind selbst still sitzt, und beim Laufen kann es allein bestimmen, wohin es geht.
Ihr Kind beginnt, mit Ihnen auch sprachlich zu kommunizieren. Die ersten Worte helfen ihm nicht nur, sich in der Umgebung und bei Ihnen bemerkbar zu machen, sondern auch das eigene Handeln, Denken und Sprechen miteinander in Einklang zu bringen.

WAS IST JETZT FÜR DAS KIND SPANNEND UND ANREGEND?

Das Kind wird ganz aufmerksam, wenn Sie mit ihm gemeinsam die Welt entdecken. Es hört Ihnen zu, verfolgt jede Bewegung und jeden Blick. Es lauscht Ihrer Stimme. Alles, was die Sinne des Kindes anregt, ist also spannend: Töne und Geräusche, Bewegungen des eigenen Körpers und anderer Gegenstände, Düfte und Gerüche und wie sich Sachen anfühlen. Hinzu kommt die Sprache: Die Dinge und Empfindungen bekommen Namen, die Sie vergeben und Ihrem Kind mitteilen.

WAS KÖNNEN SIE TUN?

Als Allererstes braucht das Kind Ihre Zuwendung und viel Kommunikation. Sie eröffnen ihm den Kontakt zur Umwelt und geben ihm Sicherheit und Geborgenheit in allem, was es tut. Unterstützen Sie das Kind bei seinen Entdeckungen, machen Sie es aufmerksam, führen und lenken Sie seinen Blick und die Aufmerksamkeit, sprechen Sie dabei mit ihm. Besonders in diesen ersten zwei Jahren werden die Grundlagen für die sprachliche Entwicklung gelegt. Je vielseitiger die sinnlichen Erfahrungen mit Sprache verbunden werden, desto besser wird sich das Kind entwickeln können:

MÖGLICHE AKTIONEN

- vorsingen, vorlesen – im Zusammenhang mit sinnlichen Erfahrungen
- gezielt Materialien greifen und fühlen lassen
- gemeinsam beobachten, was es in der Umgebung gibt: hinsehen, hinhören, z. B. Spiegelbild, Geräusche erleben
- mit Spielzeug hantieren
- erste Versteckspiele spielen
- Blätter und Zweige sammeln
- Bauklötze sortieren, Türme bauen und umstoßen

Pflanzen: Ab ins Grüne

Viele verschiedene Blumen

BEOBACHTEN

2–4 Forscher
1 Forscherassistent

Blumen sind unterschiedlich in Farbe und Form. Zeigen Sie bei Ihrem nächsten Spaziergang auf die verschiedenen Blumen, an denen Sie vorbeilaufen, und fragen Sie Ihr Kind nach der Farbe. Vielleicht kommen Sie an einem Blumengeschäft, einem bunt bepflanzten Balkon oder einer Wiese vorbei. Veranstalten Sie ein kleines Suchspiel mit Ihrem Kind: Wer sieht als Erstes die nächste Blume?

Bin ich nicht auch schön bunt?

Im Blätterwald

SAMMELN UND BEOBACHTEN

Material: eine Tüte;

2–4 Forscher
1 Forscherassistent

Im Wald oder in einem Park gibt es viele verschiedene Bäume. Jede Baumart hat ihre eigenen, sehr markanten Blätter. Unternehmen Sie mit Ihrem Kind einen Spaziergang und packen Sie eine Tüte oder einen Beutel zum Blättersammeln ein.

Geben Sie Ihrem Kind unterschiedliche Suchaufträge: Sammeln Sie z. B. gemeinsam nur kleine Blätter oder besonders große. Suchen Sie Blätter mit Zacken oder solche, die an einer Stelle rund sind.

Sortieren Sie nach dem Sammeln die Blätter: Wie viele unterschiedliche Farben haben Sie gefunden? Fühlen sich alle Blätter gleich an?

VARIANTE: Legen Sie mit den gesammelten Blättern bunte Reihen. Beginnen Sie mit drei bis fünf Blättern und lassen Sie Ihr Kind ergänzen: z. B. ein rotes Blatt – ein grünes Blatt – ein rotes Blatt – ein grünes …

0–2 Jahre

Bunte Waldmandalas

Mandalas gibt es in den schönsten Farben und Formen. Bauen Sie zusammen mit Ihrem Kind ein Waldmandala aus Naturmaterialien, die Sie im Wald, im Park oder im Garten finden.
Sammeln Sie herabgefallene Äste und legen Sie daraus das Gerüst des Mandalas.

Füllen Sie nun das Gerüst mit Blättern, Zweigen, Steinen, Nüssen, Zapfen und allem, was Sie sonst noch gefunden haben.

SAMMELN UND BAUEN

Materialien: alles, was man in der Natur findet, wie z. B. Äste und Zweige, Blätter, Nüsse, Zapfen;

2–4 Forscher
1 Forscherassistent

Wetter: Regenschirm oder Sonnenhut

BEOBACHTEN

1–2 Forscher
1 Forscherassistent

Welches Wetter ist heute?

Beobachten Sie doch einmal mit Ihrem Kind das Wettergeschehen. Am besten unternehmen Sie gemeinsam einen Ausflug ins Freie oder richten sich bei sehr schlechtem Wetter einen gemütlichen Forscherplatz am Fenster ein. Beobachten und beschreiben Sie das Wetter: Scheint die Sonne, regnet oder schneit es? Ist es warm oder kalt? Grollt Donner in der Ferne und zucken Blitze am Himmel? Weht ein laues Lüftchen oder pustet der Wind dicke Wolken am Himmel entlang?
Ermuntern Sie Ihr Kind, den Kopf in den Wind zu halten, etwas Schnee in die Hand zu nehmen, auf den Blitz zu zeigen oder den Donner zu imitieren.

WAHRNEHMEN

Materialien: ein Seidentuch, ein Fächer;

1 Forscher
1 Forscherassistent

Spürst du den Wind?

SO GEHTS:
Nehmen Sie einen Fächer oder ein kleines Seidentuch. Erzeugen Sie durch leichtes Wedeln einen sanften Wind an den Armen oder Beinen Ihres Kindes. Sie können auch in seine Haare pusten.

DAS PASSIERT!
Das Kind spürt den Wind als zartes Streicheln oder kräftigeren Windzug im Gesicht, an den Beinen oder Armen, dabei bewegen sich die Haare sogar. Der Windhauch fühlt sich kühl an.

FORSCHERWISSEN:
So wie der Wind Blätter über eine Wiese wehen kann, so kann auch das Pusten die Haare durcheinanderwirbeln. Es ist die Luft, die durch das Pusten in Bewegung gebracht wird.

0–2 Jahre

Das Windrad

Beobachten Sie gemeinsam mit Ihrem Kind, wie der Wind ein leichtes Rad in Bewegung bringt.

SO GEHTS:
Befestigen Sie ein kleines Windrad z. B. an Ihrer Balkonbrüstung oder am Kinderwagen.

DAS PASSIERT!
Beobachten Sie, wie das Rädchen vom Wind zum Drehen gebracht wird. Sie können es auch selbst in Bewegung bringen, indem Sie oder Ihr Kind ordentlich pusten.

FORSCHERWISSEN:
Je stärker der Wind weht oder je kräftiger gepustet wird, desto schneller dreht sich das Windrad. Es steht still, wenn kein Lufthauch es bewegt.

Bei dieser Beobachtung können Sie folgenden Vers sprechen:

Wind, Wind wehe, dass ich dich gut sehe.
Dreh und wirble alle Dinge,
die ich dir zum Fliegen bringe.
Luftballons, Papiere, Hüte,
Drachen, Blätter und 'ne Tüte.

(Monika Diemer)

BEOBACHTEN
Material: ein Windrad;

1–2 Forscher
1 Forscherassistent

SPRECHVERS

Elemente: Erde, Wasser, Luft und Feuer

Was rieselt und was matscht?

FÜHLEN UND AUSPROBIEREN

Materialien: Sand und Erde, Eimer, Sieb, Harke, Sandförmchen, Bagger, Schippe, Wasser;

2–4 Forscher
1 Forscherassistent

SO GEHTS:

Befühlen Sie zusammen mit Ihrem Kind mit Fingern und Händen, Zehen und Füßen die Erde und den Sand. Dabei schaufeln, glätten, klopfen, bohren, stampfen Sie oder lassen Sand und Erde durch die Finger rieseln. Graben Sie Hände und Füße ein und machen Sie Hand- und Fußabdrücke.

Später kann Ihr Kind mit Eimer, Sieb und Sandförmchen hantieren: Vielleicht lässt es den Sand durch ein Sieb rieseln, gräbt ein Loch, backt einen Kuchen, fährt ein Fahrzeug durch den Sand und harkt eine Spur.

Mischen Sie nun Wasser dazu und lassen Ihr Kind matschen. Es kann den Matsch in Formen füllen, ihn ausgießen, damit malen und schmieren oder die Mischungen verrühren. Dabei können Sie diesen Vers sprechen:

SPRECHVERS

*Heute buddeln wir im Matsch, ich mach pitsch und du machst patsch.
Ich grab deine Hände ein, du suchst deine Fingerlein.
Graben dann ein tiefes Loch und verstecken etwas noch.
1, 2, 3 was kann das sein? Es müssen deine Füßchen sein.*

(Monika Diemer)

DAS PASSIERT!

Die Erde fühlt sich anders an als der Sand und kann unterschiedlich bearbeitet werden. Mit Wasser lassen sich Erde und Sand besser formen.

FORSCHERWISSEN:

Sand und Erde haben unterschiedliche Farben. Es gibt verschiedene Sorten, die sich immer anders anfühlen. Trockene Erde zerbröselt, wenn man sie drückt, feiner Sand rieselt durch die Finger und Erde mit kleinen Steinen fühlt sich grob an. Mischt man Erde mit Wasser, wird sie geschmeidiger und kann sogar fließen. Nasse Erde ist matschig und lässt sich gut bearbeiten.

0–2 Jahre

Worauf krabble oder laufe ich?

SO GEHTS:
Lassen Sie die verschiedenen Untergründe von Ihrem Kind mit Händen und Füßen betasten. Benennen Sie währenddessen die verschiedenen Böden.

DAS PASSIERT!
Auf dem „Forscherweg" spürt Ihr Kind z. B. kitzelndes Gras, kalte Steinplatten, losen Kies, feuchte Erde, kühle Blätter oder weichen Sand unter seinen Füßen.

FORSCHERWISSEN:
Je nachdem, ob der Erdboden bewachsen, bepflanzt oder asphaltiert ist, fühlt er sich ganz unterschiedlich an.

FÜHLEN UND AUSPROBIEREN
Materialien: verschiedene Untergründe vor dem Haus, im Garten, auf dem Spielplatz oder in der Natur;

2–4 Forscher
1 Forscherassistent

Lauter Steine

SO GEHTS:
Sammeln Sie gemeinsam bei einem Spaziergang Steine, die Ihr Kind gut in der Hand halten kann. Zu Hause legen Sie Ihre Schätze in einen Korb. Sortieren Sie dann die Steine nach Form und Farbe. Achten Sie darauf, dass Ihr Kind keinen Stein in den Mund nimmt.

FORSCHERWISSEN:
Steine unterscheiden sich aufgrund ihrer Beschaffenheit in Farbe, Form und Muster. Im Laufe der Zeit hat sich das Gestein gebildet und immer wieder verändert. Alle runden Steine wurden irgendwann von Wasser geschliffen, man findet sie häufig in der Nähe von Flüssen, Seen oder am Meer.

ORDNEN
Materialien: viele unterschiedliche Steine, einige Körbchen;

1 Forscher
1 Forscherassistent

17

Elemente: Erde, Wasser, Luft und Feuer

Ein kunterbuntes Luftmobile

BASTELN UND BEOBACHTEN

Materialien: 5 bunte Luftballons, Kleiderbügel, dünnes Band (ungefähr 10–20 cm lang);

1 Forscher
1 Forscherassistent

SO GEHTS:

1. Pusten Sie die Luftballons auf und binden Sie an jeden eine Schnur. Befestigen Sie nun die Ballons mit den Schnüren an dem Kleiderbügel.
2. Hängen Sie den Bügel für das Kind gut sichtbar auf. Am besten eignet sich ein Platz in der Nähe einer Heizung.

DAS PASSIERT!

Die Luftballons bewegen sich sachte hin und her.

FORSCHERWISSEN:

Wir können es nicht sehen, aber die Luft in unserem Raum ist ständig in Bewegung: Wenn wir laufen, schieben wir Luft vor uns her, durch ein geöffnetes Fenster kommt Luft hinein, warme Luft strömt nach oben, kalte nach unten. Solche Strömungen lassen die Luftballons tanzen.

Luftbilder

AUSPROBIEREN

Materialien: Spiegel oder Fensterscheibe;

1–4 Forscher
1 Forscherassistent

SO GEHTS:

Hauchen Sie Ihre Atemluft an eine Fensterscheibe oder einen Spiegel und malen Sie mit einem Finger ein Bild. Ermuntern Sie Ihr Kind, mitzumachen.

DAS PASSIERT!

Die Scheibe beschlägt und beim Berühren wird eine Spur sichtbar.

FORSCHERWISSEN:

In der Atemluft befinden sich winzige Wassertropfen, die sich beim Hauchen auf der Scheibenoberfläche sammeln. Werden sie mit dem Finger verwischt, hinterlässt das eine Spur.

0 – 2 Jahre

Was fließt denn da?

SO GEHTS:

Stellen Sie reichlich Wasser zur Verfügung. Drinnen bietet es sich an, das Kind in die Badewanne zu setzen. Im Sommer kann es draußen in einem kleinen Planschbecken toben. Lassen Sie das Kind mit dem Wasser patschen oder geben Sie ihm diverse Utensilien zum Schütten und Gießen. Ihr Kind darf dabei spritzen und ruhig auch mal von Kopf bis Fuß nass werden.

Rutschpartie auf der Wiese: Setzen Sie Ihr Kind bei warmem Wetter doch einmal nackt auf eine nasse Plastikfolie. Lassen Sie Ihr Kind darauf krabbeln und rutschen, achten Sie aber darauf, dass es sich dabei nicht verletzt. Mit anderen Kindern zusammen macht es besonders viel Spaß!

Badewannenspiel: Ihr Kind sitzt in der Badewanne. Im seichten Wasser kann es nun strampeln und spritzen. Geben Sie etwas Badezusatz ins Wasser. Mit dem entstehenden Schaum können Sie Ihrem Kind lustige Frisuren und Bärte zaubern. Aber vielleicht möchte es lieber eine Krone, eine lange Nase oder kräftige Muskelpakete bekommen?

AUSPROBIEREN UND SPIELEN

Materialien: reichlich Wasser in einer Schüssel, einer Wanne oder aus dem Schlauch, eine Plastikflasche, Schwamm, Becher, Trichter, Löffel u. v. m, große Plastikfolie, ggf. Badezusatz;

2–4 Forscher
1 Forscherassistent

DAS PASSIERT!

Ihr Kind entdeckt, dass man auf Wasser rutschen kann, dass Wasser fließt, tropft und dass es geschüttet werden kann. Es ist flüssig und schaumig.

FORSCHERWISSEN:

Weil Wasser flüssig ist, kann es fließen, geschüttet werden und bildet Tropfen, wenn es nach unten fällt. Nasse, glatte Oberflächen wie der Boden im Schwimmbad oder die Folie werden leicht rutschig. Dabei gleitet man auf einem dünnen Wasserfilm. In Verbindung mit Seife wird Wasser noch rutschiger und bildet Schaum, der aus vielen kleinen Bläschen besteht.

Elemente: Erde, Wasser, Luft und Feuer

Kann man Wasser kneten?

FÜHLEN UND AUSPROBIEREN

Materialien: kleine Gefrierbeutel, Klebeband, Wasser;

1–2 Forscher
1 Forscherassistent

SPRECHVERS

SO GEHTS:
Befüllen Sie stabile Gefrierbeutel mit unterschiedlich viel Wasser. Einige davon sollten nur wenig Wasser enthalten, andere sind halb voll bzw. bis zum Rand mit Wasser gefüllt. Verschließen Sie die Beutel fest mit stabilem Klebeband. Jetzt kann Ihr Kind die Tüten kneten, quetschen und an ihnen lecken. Legen Sie später die Tüten unterschiedlich lange ins Eisfach und lassen Sie Ihr Kind damit erneut spielen. Achten Sie darauf, dass ein Eisbeutel nicht lange auf einem Körperteil des Kindes liegt. Beim Kneten der Beutel können Sie diesen Vers sprechen:

> *Was patscht und klatscht? Was klopft und tropft?*
> *Was fließt und gießt? Was glitscht und flitscht?*
> *Ein Wassertropfen, zwei Wassertropfen, ein ganzer Fluss,*
> *mit dem man einfach spielen muss!*

(Monika Diemer)

DAS PASSIERT!
Je nachdem, wie viel Wasser sich in den Tüten befindet, lässt sich die Tüte mit dem Wasser unterschiedlich gut formen. Je mehr Wasser darin ist, desto weniger lässt sie sich kneten. Das Wasser bewegt sich dabei. Im Eisfach wird es allmählich kälter und fester, bis es zu Eis erstarrt. Im halb gefrorenen Zustand lässt sich Wasser gut kneten und behält dabei die Form. Festes Eis lässt sich nicht mehr formen.

FORSCHERWISSEN:
Wasser hat keine bestimmte Form, da es eine Flüssigkeit ist. Es passt sich an die Form der Tüte an. Ändert sich diese durch Kneten, fließt das Wasser in diese neue Form. Im gefrorenen Zustand ist Wasser fest und lässt sich nicht mehr bewegen.

Ich picke mal ein Loch in die Tüte!

0–2 Jahre

Schüttelwunder

Beobachten Sie mit Ihrem Kind verschiedene Substanzen im Wasser.

SO GEHTS:
Befüllen Sie die Plastikflaschen zu einem Viertel mit Wasser und geben Sie in eine der Flaschen einen Tropfen Spülmittel, in die andere einen Löffel Zucker, in die nächste Flasche etwas Lebensmittelfarbe und in die letzte ein paar Glitzersterne oder Murmeln. Verschließen Sie die Flaschen wieder. Nun regen Sie das Kind an, die Flaschen zu schütteln oder zu rollen.

DAS PASSIERT!
Das Wasser in den Flaschen plätschert in kleinen Wellen hin und her. Die Glitzersterne oder die Murmeln bewegen sich im Wasser. Die Farbe verfärbt das Wasser allmählich gleichmäßig. Der Zucker löst sich im Wasser auf, das Spülmittel bildet durch das Schütteln Schaum.

FORSCHERWISSEN:
Seife und Farbe vermischen sich mit dem Wasser. Zucker löst sich auf, befindet sich aber noch im Wasser, was man am süßen Geschmack erkennt. Nur die Sterne oder die Murmeln verändern sich nicht im Wasser.

BEOBACHTEN

Materialien: 4 kleine Plastikflaschen, Spülmittel, 2 Murmeln oder viele Glitzersterne, Lebensmittelfarbe, etwas Zucker;

1 Forscher
1 Forscherassistent

Die zwei Wasserwellen

Plitsch und Platsch, zwei Wasserwellen, wieder in die Lüfte schnellen.
Plitsch, der spritzt im hohen Bogen,
Platsch, der macht nur lange Wogen.
Plitsch, der liebt das weite Meer,
Platsch begehrt den Strand noch mehr.
So rollt Platsch jetzt an die Küste, Plitsch vom Ozean her grüßte.
Vom Wind wird Plitsch zurückgebracht
und sie säuseln in der Nacht.
Gurgeln, tosen, brausen, klatschen,
gemeinsam plitschen sie und platschen.

(Monika Diemer)

SPRECHVERS

2 Mitspieler

Tiere: Winzig klein und riesengroß

SPIELEN

Materialien: diverse Kuscheltiere;

1–3 Mitspieler

Kuscheltiergesang

Nehmen Sie die Kuscheltiere Ihres Kindes und ahmen Sie den passenden Laut nach: Bellen Sie wie ein Hund, trompeten Sie wie ein Elefant, pfeifen Sie wie ein Vogel oder brummen Sie wie ein Bär. Lassen Sie dann Ihr Kind versuchen, seinen Kuscheltieren eine Stimme zu geben. Welche Laute kann Ihr Kind zuordnen? Vielleicht brummt dann der Elefant und der Vogel bellt?

Wo wohnst du?

ORDNEN

Materialien: verschiedene Kuscheltiere;

2–4 Mitspieler

Die Kuscheltiere wollen dorthin, wo sie sich am wohlsten fühlen: z. B. auf einen Baum, auf die Wiese oder in eine Höhle. Nehmen Sie jeweils eines der Tiere und fragen: „Wo wohnst du denn? Auf dem Baum, im Wasser, auf der Wiese oder in der Höhle?" Dann lassen Sie Ihr Kind den richtigen Platz finden. Landet der Hund auf dem Baum, die Katze im Wasser und der Fisch auf der Wiese, können Sie gemeinsam überlegen, ob die Tiere sich dort tatsächlich wohlfühlen. Schauen Sie sich gemeinsam Tierbilderbücher an. Dort kann Ihr Kind entdecken, welcher Lebensraum zu welchem Tier passt. Die „wasserscheuen" Kuscheltiere müssen bei diesem Spiel natürlich nicht nass werden. Es reicht aus, wenn Ihr Kind das jeweilige Plüschtier z. B. an einen Gartenteich legt oder mit ihm in der Hand auf Wasser zeigt.

VARIANTE: Das Spiel eignet sich auch für drinnen: Dann ist z. B. der umgedrehte Pappkarton eine Höhle, die leere Waschschüssel oder Badewanne das Wasser, das Regal der Baum und der Teppich die Wiese.

0–2 Jahre

Große Tiere

Besuchen Sie mit Ihrem Kind verschiedene Tiere auf den Weiden. Bleiben Sie am Zaun stehen und beobachten Sie gemeinsam die Tiere beim Fressen, beim Dösen oder auch wenn sie ihr „großes Geschäft" erledigen. Vielleicht sind die Tiere so zahm, dass sie sich streicheln lassen?
Im Spielwarenhandel gibt es großformatige Puzzles mit wenigen Teilen, auf denen genau diese Tiere abgebildet sind. Damit kann Ihr Kind anschließend zu Hause spielen. Wenn Sie Talent haben, können Sie natürlich auch ein Tierfoto auf Pappe aufkleben und in ein einfaches Puzzle zerschneiden. Wie wäre es mit einem Foto, das bei einem der Ausflüge entstanden ist?

SPIELEN UND BEOBACHTEN

1–3 Forscher
1 Forscherassistent

Alle meine Entchen

Singen Sie das bekannte Lied vor und animieren Sie Ihr Kind, die Bewegungen mitzumachen:

Alle meine Entchen schwimmen auf dem See, schwimmen auf dem See, Köpfchen in das Wasser (Kopf senken), *Schwänzchen in die Höh'* (Hände auf dem Rücken nach oben halten).

Alle meine Täubchen gurren auf dem Dach, gurren auf dem Dach, (mit den Händen auf dem Kopf ein „Dach" bilden), *fliegt eins in die Lüfte, fliegen alle nach* (mit den Armen flattern).

Alle meine Hühner scharren in dem Stroh, scharren in dem Stroh (mit den Fingern auf Tisch oder Boden kratzen), *finden sie ein Körnchen, sind sie alle froh* (ein „Korn" essen).

Alle meine Gänschen watscheln durch den Grund, watscheln durch den Grund (im Gänsemarsch laufen), *suchen in dem Tümpel, werden kugelrund* (genussvoll über den Bauch streichen).

BEWEGUNGSSPIEL

2 Mitspieler

Tiere: Winzig klein und riesengroß

VORLESEN UND ERKUNDEN

2–6 Mitspieler

Lieblingsessen

Ihr Kind mag jetzt schon kleine vorgelesene Erzählungen. Besonders interessant werden die Geschichten, wenn sie eine Brücke zum realen Leben bauen. Lesen Sie Ihrem Kind den Text vor und zeigen Sie auf die einzelnen Szenen. Anschließend können Sie Ihr Kind fragen, was ihm am besten schmeckt. Beschreiben Sie Ihre Lieblingsspeise. Wie sieht es bei den Tieren aus? Möglicherweise haben Sie ja Haustiere und Ihr Kind weiß schon, was Hund, Katze oder Wellensittich gern fressen.

Viele Tierbücher bieten hierzu auch Informationen. Vielleicht entdecken Sie darin Tiere, denen Dinge schmecken, die wir Menschen auch mögen, z. B. Affen mit Bananen oder Hasen, die an Karotten nagen? Kühe und Schafe hingegen bevorzugen Gras, das uns gar nicht schmeckt.

Noch besser ist ein Besuch im Zoo. Hier kann Ihr Kind diverse Tiere beim Fressen beobachten und Gemeinsamkeiten sowie Unterschiede bemerken.

Heute ist Sonntag. Alle sitzen gemütlich am Tisch und frühstücken. Lena isst eine leckere Banane. Jonas hat sich ein Butterbrot geschmiert. Auf die Butter hat er noch ein bisschen Salz gestreut. Marie trinkt einen warmen Kakao mit viel Schlagsahne. Mama und Papa essen süße Schokoladenkekse. Da kommt Konrad angeflogen. Er hat sein Lieblingsessen entdeckt: Erdnüsse! Kurz darauf knackt er die Nüsse und lässt die Schalen auf den Fußboden fallen.   (Ute Diehl)

Farben: Ganz schön bunt

0–2 Jahre

Farbenwelt

Schon Neugeborene können Rot und Grün unterscheiden. In den ersten Lebenswochen nimmt die Fähigkeit, Farben zu erkennen, rasch zu. Und nach etwa zwei Monaten können Säuglinge alle Farben, auch Pastelltöne, sehen. Präsentieren Sie Ihrem Neugeborenen also anfangs kräftige Rot- und Grüntöne und fügen Sie nach und nach weitere Farben hinzu. Sie können z. B. ein Farbmobile oder bunte Luftballons über dem Bettchen anbringen oder Ihrem Baby beim Wickeln bunte Bauklötze zeigen. Sorgen Sie dabei für farbliche Abwechslungen. Bald wird sich Ihr Baby auch für kleinteiligere Muster interessieren. Besonders beliebt sind Schwarz-Weiß-Kontraste.

VARIANTE: Machen Sie Ihr Kind auch draußen auf die vielen Farben aufmerksam: Zeigen Sie im Winter auf den Schnee, der sich stark von seiner Umgebung, z. B. von Steinen oder Ästen, abhebt. Weisen Sie im Frühling auf die ersten Blüten oder die grünen Blätter hin. Die unterschiedlichen Farben von Autos, Häusern oder Türen können auch immer wieder Anlass sein, die Vielfalt der Farben wahrzunehmen.

Schaut her, wie schön farbig ich bin!

BEOBACHTEN

Materialien: z. B. Mobile, bunte Bauklötze, Luftballons;

1 Forscher
1 Forscherassistent

Licht und Schattenbilder

Nehmen Sie Ihr Kind auf den Arm und gehen Sie mit ihm durch die Wohnung. Dabei sollte es dämmrig oder – noch besser – dunkel sein. Lassen Sie Ihr Kind nun auf alle gut erreichbaren Lichtschalter drücken und machen Sie es auf die Veränderungen aufmerksam. Schreibtischlampen z. B. beleuchten nur ihre direkte Umgebung sehr hell, und die Lichtquelle reicht nicht fürs ganze Zimmer. Mit Deckenlampen wird der gesamte Raum erleuchtet. Welche Schatten entstehen an den Wänden oder an der Decke? Stellen Sie sich zusammen vor eine Lichtquelle und suchen Sie Ihren Schatten. Ihr Kind kann nun mit seinen Händen, mit seinen Spielsachen oder anderen Gegenständen Schattenbilder an die Wand werfen.

BEOBACHTEN

Materialien: Decken- und Tischlampen;

1 Forscher
1 Forscherassistent

Farben: Ganz schön bunt

BEOBACHTEN

Materialien: Taschenlampe, bunte Tücher;

1 Forscher
1 Forscherassistent

Lichtkegel

Nehmen Sie Ihr Kind auf den Arm und beobachten Sie im Dunkeln gemeinsam den Lichtstrahl einer Taschenlampe. Leuchten Sie Gegenstände an und beschreiben Sie das, was sich im Lichtkegel befindet. In der dunklen Umgebung sehen angeleuchtete Gegenstände plötzlich ganz anders aus, weil sie sich stark von ihrer Umgebung abheben.

VARIANTE: Bedecken Sie die Taschenlampe mit dünnen, farbigen Tüchern. Wie wirkt das Zimmer, wenn es z. B. in blaues Licht getaucht ist?

FORSCHERWISSEN:
Das Licht „nimmt" die Farbe der lichtdurchlässigen Tücher mit und „legt" sie über die angeleuchteten Gegenstände. So wird z. B. eine gelbe Tasse, die durch ein blaues Tuch angeleuchtet wird, grün.

AUSPROBIEREN

Materialien: großformatiges Papier (z. B. Rückseiten von Geschenkpapier oder Flipchart-Papier), Fingerfarben, kleine Schüsseln, Pinsel, alte Lappen, ausgediente Kochlöffel etc.;

1 Forscher
1 Forscherassistent

Die ersten Kunstwerke

Wenn Ihr Kind schon sicher sitzen und krabbeln kann, legen Sie ein großes Stück Papier auf einen – gut zu reinigenden – Fußboden. Setzen Sie Ihr Kind auf das Papier und füllen Sie drei oder vier verschiedene Fingerfarben in Schälchen. Zeigen Sie, wie man mit Fingern und Händen malen kann. Vielleicht entwickelt Ihr Kind ja eine Vorliebe für eine ganz bestimmte Farbe? Manche Kinder werden versuchen, die Farben zu vermischen. Noch ist Ihr Kind aber zu klein, um zu begreifen, warum z. B. aus den beiden Grundfarben Blau und Gelb die neue Farbe Grün entsteht. Neben Fingern und Händen kann Ihr Kind auch weitere „Malwerkzeuge" einsetzen wie z. B. alte Kochlöffel, dicke Pinsel oder Lappen.

Spieglein, Spieglein ...

Spiegel sind faszinierend. Schon kleine Kinder betrachten sich gern darin, ziehen Grimassen oder versuchen, ihr Spiegelbild zu fassen. Machen Sie sich mit Ihrem Kind auf die Suche nach verschiedenen Spiegeln. Wie sieht das eigene Spiegelbild z. B. in Pfützen oder Löffeln aus?

FORSCHERWISSEN:

Warum z. B. der Löffel unser Spiegelbild auf den Kopf stellt, ist für Ihr Kind natürlich erst später interessant. Trotzdem soll das Phänomen hier kurz erklärt werden. Die Innenseite des Löffels ist nach innen gewölbt. Das Spiegelbild ist nichts anderes als zurückgeworfenes Licht, das durch die Wölbung „über Kreuz" gelenkt wird. Es vertauscht also gleichzeitig oben und unten sowie links und rechts. Die Rückseite des Löffels ist nach außen gewölbt. Das Spiegelbild wirkt verzerrt, denn die Außenwölbung lenkt das Licht am Rand noch mehr nach außen ab.

BEOBACHTEN

Materialien: Spiegel, diverse weitere Dinge, in denen man sich spiegeln kann, wie z. B. Pfützen, Scheiben, Metalldosen oder Löffel;

1 Forscher
1 Forscherassistent

Bunte Fingerschar

Der Daumen ist so blau wie das Meer.
Der Zeigefinger ist schwarz wie der Teer.
Der Mittelfinger ist grün wie der Klee.
Der Ringfinger ist so weiß wie der Schnee.
Der kleine Finger ist so rot wie der Mund ...
... und alle zusammen sind kunterbunt.

(Ute Diehl)

SO GEHTS:

Malen Sie die Fingerkuppen Ihres Kindes mit den passenden Farben an oder kleben Sie entsprechende Farbpunkte auf. Dann halten Sie die genannten Finger – mit dem Daumen beginnend – kurz fest. Zum Schluss schütteln Sie sacht seine Hand, sodass alle Farben „tanzen".

FINGERSPIEL

Materialien: verschiedene Fingerfarben oder Farbaufkleber;

2 Mitspieler

Schall: Hör doch mal!

BEWEGUNGSSPIEL

2–6 Mitspieler

KLANGSPIEL

Materialien: Töpfe, Schüsseln, Plastikgefäße, Behälter aus Metall und Kunststoff;

1–2 Mitspieler

Kleiner Nachahmer

Denken Sie sich kleine Spielchen für Ihr Kind aus, um es zum Einsatz der Stimme und zum Nachahmen zu ermuntern.
Beginnen Sie mit kleinen Bewegungen Ihrer Arme oder Beine und fügen Sie einfache Geräusche hinzu. Breiten Sie z. B. die Arme aus und summen Sie wie eine Biene.

VARIANTE 1: Ist dies für Ihr Kind kein Problem, beginnen Sie mit den Füßen zu klopfen, klatschen und stampfen Sie. Achten Sie darauf, einen gleichmäßigen Rhythmus einzuhalten.

VARIANTE 2: Hören Sie sich mit Ihrem Kind Musik an und bewegen Sie sich gemeinsam im Rhythmus. Ahmen Sie auch die Bewegungen des Kindes nach, um bekannte Bewegungsabläufe zu fördern.

Klänge erzeugen

Lassen Sie Ihr Kind Krach machen. Kinder „trommeln" besonders gerne auf Tische, Bücher, Kinderstühle usw. und erzeugen damit Geräusche. Ahmen Sie Ihr Kind nach und fordern Sie es auf, neue Geräusche zu machen. Nehmen Sie sich ausreichend Zeit und lauschen Sie jedem Klang.

VARIANTE 1: Ist Ihr Kind etwas älter, geben Sie ihm einen Schlägel aus Holz oder einen Kochlöffel in die Hand. Stellen Sie unterschiedliche Gefäße wie z. B. Töpfe, Schüsseln, Plastikgefäße, Behälter aus Metall und Kunststoff zur Verfügung. Lassen Sie Ihr Kind experimentieren.

VARIANTE 2: Sie können auch laute und leise Töne erzeugen. Wechseln Sie sich mit dem Schlagen ab. So lässt sich schließlich ein Klangteppich „komponieren".

0–2 Jahre

Körpergeräusche

Geräuschimitatoren können eine Vielzahl von Geräuschen täuschend echt nachahmen. Aber im Prinzip kann jeder Geräusche imitieren. Bereits Ihr Baby erzeugt mit seiner Stimme ganz unterschiedliche Laute. Ahmen Sie selbst diese Töne einmal nach. Das wird Ihrem Baby bestimmt gefallen! Versuchen Sie dann, verschiedene Geräusche mit Ihrer Stimme, Ihren Händen oder Ihren Füßen zu produzieren. Animieren Sie Ihr Kind zum Nachahmen oder zum Erfinden neuer Geräusche.

Mit der Stimme:
Brummen, bellen, zischen, pfeifen oder schmatzen Sie.

Mit den Fingern und Händen:
Damit können Sie schnipsen, klatschen, klopfen, trommeln, kratzen oder auch wischen.

Mit den Füßen:
Sie können z. B. trampeln, über den Boden schlurfen oder stampfen.

KLANGSPIEL

2 Mitspieler

Schall: Hör doch mal!

BASTELN UND SPIELEN

Materialien: leere Plastikflasche (0,3 l oder 0,5 l), eine Handvoll Reis, Tapetenkleister (Baumarkt), Zeitungspapier, Pinsel, Acrylfarbe;

1 Forscher
1 Forscherassistent

Rasseln basteln

Rasseln lassen sich sehr leicht selbst basteln und sind auch schon für ganz kleine Kinder geeignet. Achten Sie darauf, dass Babys die Rassel problemlos greifen und bewegen können.

SO GEHTS:

1. Nehmen Sie eine leere Plastikflasche, befüllen Sie diese etwa bis zur Hälfte mit Reis und schrauben Sie sie wieder zu.

2. Rühren Sie anschließend ein wenig Kleister an und reißen Sie Zeitungspapier in mittelgroße Stücke.

3. Bestreichen Sie die Flasche mit Kleister und kleben Sie die Papierstücke auf die Flasche, sodass die ganze Flasche von dem Papier bedeckt ist.

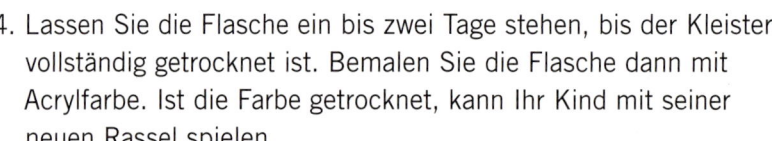

4. Lassen Sie die Flasche ein bis zwei Tage stehen, bis der Kleister vollständig getrocknet ist. Bemalen Sie die Flasche dann mit Acrylfarbe. Ist die Farbe getrocknet, kann Ihr Kind mit seiner neuen Rassel spielen.

2 – 3 Jahre

Für freche Forscherfrösche

Tipps für Forschereltern

Klettern, Sammeln, Sortieren

WAS KANN DAS KIND?

Mit 2–3 Jahren kann Ihr Kind sicher laufen, es beginnt zu klettern, möchte alles sehen und überall mit dabei sein. Es will helfen, Dinge hin und her zu tragen, möchte selbstständig essen und trinken. Neugierig erkundet es die Umgebung. Nachdem es vorher das Spielzeug nur „untersucht" hat, nutzt es nun alles zur Verfügung Stehende als Werkzeug zum Klopfen, als Verlängerung des Arms, zum Daraufsetzen und Daraufstellen. Die kleinen Finger tasten hier und fühlen da. Fingerfarben und Stifte werden interessant und genutzt. Ihr Kind kann ganz langsam und ganz schnell laufen, hopsen und hinfallen. Es kann laut rufen und leise flüstern. Es lernt, dass man manchmal ganz sanft und vorsichtig sein muss und manchmal auch fest zupacken kann. Manche Dinge sind sehr schwer und andere ganz leicht zu tragen. Die Motorik und die Koordination von Bewegungen entwickeln sich über diese Aktionen weiter. Dabei macht das Kind wesentliche körperliche Erfahrungen mit dem Gleichgewicht, mit Kräften und Geschwindigkeiten. Natürlich fällt es hin, stolpert mal, steht aber wieder auf und versucht weiter. Dabei macht es unterschiedliche Erfahrungen und vergleicht diese miteinander.

Andere Kinder werden jetzt interessant und das soziale Lernen bekommt eine neue Dimension. Die Auseinandersetzung mit Gleichaltrigen beginnt und damit auch das gemeinsame Handeln und Lernen.

Im Hinblick auf Forscherfähigkeiten stehen neben weiteren sinnlichen Erkundungen das Sammeln, Vergleichen und Wiedererkennen von Gegenständen und Phänomenen im Vordergrund, aber auch das Gestalten. Hierbei lernen die Kinder viele Eigenschaften der Dinge ihrer Umwelt kennen und unterscheiden, wie z. B.: Was ist leicht, was schwer? Was ist glatt und glitschig? Was eignet sich für einen Turmbau? Die Beobachtung wird geschult, die Sprache entwickelt. Das Kind teilt mit Gesten und ersten Worten seine Entdeckungen mit. Handeln und Sprechen greifen so ineinander, Zusammenhänge können erkannt werden. Dadurch wird das Denken in Handlungszusammenhängen und Geschichten möglich. Das Kind weiß, was Frühstücken, Spazierengehen oder im-Sandkasten-spielen bedeutet.

2–3 Jahre

WAS IST JETZT FÜR DAS KIND SPANNEND UND ANREGEND?

Alles, was die Sinne des Kindes anregt und was es selbst machen kann, ist spannend. Erfolgserlebnisse und erste Erfahrungen mit der Selbstständigkeit sind sehr wichtig. So mögen Kinder in diesem Alter das Sammeln und Sortieren verschiedenster Gegenstände (z. B. Wäscheklammern, Steine, Zweige, Blumen, Käfer und Stifte), das Gestalten von Bildern und Geschichten, das Hantieren mit Naturmaterialien und das Bauen und Gestalten. Wasser ist unter den Naturmaterialien besonders interessant. Hinzu kommen gemeinsame Spiele und „Entdeckungsreisen".

WAS KÖNNEN SIE TUN?

Singen Sie zusammen mit dem Kind, erzählen Sie Geschichten oder lesen Sie diese vor. Dabei wird die genaue Beobachtung geschult. Außerdem werden Bewegungen imitiert und Vergleiche hergestellt.
Mit Gegenständen aus der Natur können Sie Kunstwerke gestalten und dabei mit Ihrem Kind den Eigenschaften der Materialien auf den Grund gehen. Auf dem Spielplatz, im Park und zu Hause finden sich dafür viele Möglichkeiten. Hier können Sie auch andere Kinder mit einbeziehen und alle (kooperativ oder im Wettbewerb miteinander) spielen lassen:

MÖGLICHE AKTIONEN

- Naturmaterialien erkunden, sammeln, sortieren und damit z. B. Bilder gestalten
- mit verschiedenen Materialien experimentieren (wie z. B. mit Papier, Sand oder Wasser)
- sich bewegen wie ein Tier
- Töne und Geräusche erzeugen
- mit Wasser spielen
- Bauklötze sortieren, Türme bauen
- im Sand spielen und gestalten (Wege, Straßen, Häuser)
- Geschichten vorlesen und erzählen, in denen die Handlungswelt des Kindes sichtbar wird

Pflanzen: Ab ins Grüne

Regensee und Matschloch

ERKUNDEN
Materialien: regenfeste Kleidung, Stock;

2–4 Forscher
1 Forscherassistent

Spaziergänge nach einem Regenguss machen Kindern besonderen Spaß. Erlauben Sie Ihrem Kind beim nächsten Spaziergang, durch die Pfützen zu stapfen.
Wie tief sind Pfützen? Ihr Kind soll sich auf dem Spaziergang einen kleinen Stock suchen und diesen senkrecht in die Pfützen halten, um die Tiefe zu „messen". Wie matschig sind Regenpfützen und gibt es auch Pfützen ohne Matsch? Wachsen Pflanzen in den Pfützen?
Mit Gummistiefeln und Regenkleidung sind Sie für jedes Wetter gewappnet und erkunden so die kleinen Regenseen rund um Ihr Zuhause.

Rindenbilder

AUSPROBIEREN
Materialien: weißes Papier oder Packpapier, Wachsmalkreide, Pinnwandnadeln oder Klebeband;

2–6 Forscher
1 Forscherassistent

Jeder Baum hat durch seine Rinde ein eigenes „Gesicht". Sie ist mal sehr uneben und rau, mal glatt. Malen Sie mit Ihrem Kind ein paar Rindenbilder Ihrer Lieblingsbäume, um die Unterschiede deutlich sehen zu können.
Befestigen Sie ein Blatt Papier an der Rinde. Dann rubbeln Sie sanft mit der langen Seite eines Kreidestücks über das Papier.
Vergleichen Sie anschließend die Abdrücke der einzelnen Bilder. Eine besonders raue Rinde finden Sie bei Bäumen, die schnell wachsen und deren „Haut" keine Zeit hat, sich zu dehnen. Daher platzt die Rinde auf und ist rauer als die Rinde der Bäume, die langsam wachsen.

Wer steht da im Walde?

Singen Sie Ihrem Kind das Lied vor. Vielleicht kennen Sie es auch schon selbst aus Ihrer Kindheit? Wissen Sie, wer das Männlein im Walde ist? Gehen Sie doch einmal mit Ihrem Kind zu einem Hagebuttenstrauch und zeigen ihm das Männlein – auch wenn es nicht immer im Walde steht.

RÄTSEL

1 Mitspieler

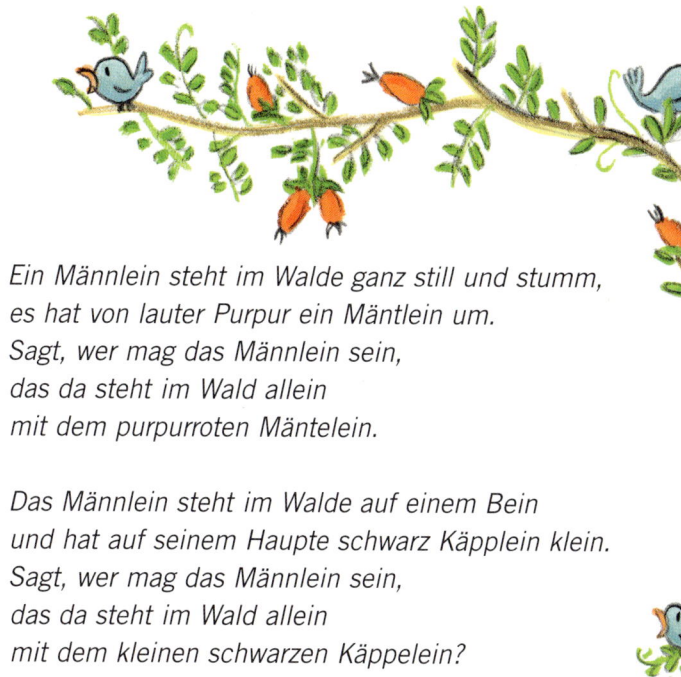

*Ein Männlein steht im Walde ganz still und stumm,
es hat von lauter Purpur ein Mäntlein um.
Sagt, wer mag das Männlein sein,
das da steht im Wald allein
mit dem purpurroten Mäntelein.*

*Das Männlein steht im Walde auf einem Bein
und hat auf seinem Haupte schwarz Käpplein klein.
Sagt, wer mag das Männlein sein,
das da steht im Wald allein
mit dem kleinen schwarzen Käppelein?*

(gesprochen)
*Das Männlein dort auf einem Bein
mit seinem roten Mäntelein
und seinem schwarzen Käppelein
kann nur die Hagebutte sein.*

(Hoffmann von Fallersleben)

2–3 Jahre

Pflanzen: Ab ins Grüne

Wattepflanzen

EXPERIMENTIEREN UND BEOBACHTEN

Materialien: Schale, etwas Watte, Kressesamen, Wasser, Schere;

2–4 Forscher
1 Forscherassistent

Pflanzen sind erstaunlich, denn egal, ob in der Wüste, auf hohen Bergen oder im Wasser – sie wachsen überall, sogar auf Watte. Entdecken Sie zusammen mit Ihrem Kind, wie Kresse wächst.

SO GEHTS:

Legen Sie in eine Schale eine Schicht Watte und bestreuen Sie diese mit Kressesamen. Stellen Sie die Schale an einen sonnigen Ort und helfen Sie Ihrem Kind beim Gießen der Kressesamen. Die Watte sollte nur feucht, nicht aber nass sein.

DAS PASSIERT!

Beobachten Sie die Samen gemeinsam jeden Tag. Dabei werden Sie Folgendes beobachten: Die Keime öffnen sich und die Pflänzchen kommen heraus. Schon bald ist ein grüner Pflanzenteppich gewachsen.

Sie können die Kresse ernten, wenn sie einige Zentimeter hoch gewachsen ist. Zupfen Sie sie ab und waschen Sie sie kurz, bevor Sie ein leckeres Butterbrot damit bestreuen. Guten Appetit!

Lecker!

FORSCHERWISSEN:

Pflanzen wachsen aus Samen. Damit sie gedeihen, brauchen sie Licht, Wasser und Nahrung (Nährstoffe). Die Kresse hat genügend Nährstoffe in dem Samen, sodass sie zum Wachsen keine Erde, sondern nur Wasser und Licht benötigt.

2–3 Jahre

Wie sieht es im Apfel aus?

Erforschen Sie mit Ihrem Kind, was ein Apfel enthält, den man in der Obstschale oder an einem Apfelbaum finden kann.

SO GEHTS:
1. Nehmen Sie sich einen Apfel und halbieren Sie ihn.
2. Sprechen Sie diese Verse. Betrachten und untersuchen Sie dabei mit Ihrem Kind den Apfel. Wie fühlt er sich an?

> 1. In meinem kleinen Apfel,
>   da sieht es lustig aus:
>   Es sind darin fünf Stübchen,
>   grad' wie in einem Haus.
>
> 2. In jedem Stübchen wohnen
>   zwei Kernchen schwarz und fein,
>   die liegen drin und träumen
>   vom lieben Sonnenschein.
>
> 3. Sie träumen auch noch weiter
>   gar einen schönen Traum,
>   wie sie einst werden hängen
>   am lieben Weihnachtsbaum.
>
> (überliefert)

FÜHLEN UND AUSPROBIEREN

Materialien: 1 Apfel, 1 Messer;

1–2 Forscher
1 Forscherassistent

DAS PASSIERT!
Im Querschnitt des Apfels sieht man sehr deutlich die fünf Kammern und die darin liegenden Kerne.

FORSCHERWISSEN:
Im Apfel stecken die Kerne bzw. die Samen im Inneren der Frucht. Durch die harte, schwarze Schale sind die Samen gut geschützt. Steckt man einen Kern in die Erde und gießt ihn, entwickelt sich daraus nach einiger Zeit eine kleine Apfelpflanze.

Wetter: Regenschirm oder Sonnenhut

Wie doll hats geregnet?

Basteln Sie mit Ihrem Kind ein Regenmessgerät und sammeln Sie Regenwasser darin.

BASTELN UND EXPERIMENTIEREN

Materialien: Plastikflasche (0,5 l), Schere, Murmeln oder Steine, Klebeband, wasserfester Stift, Messbecher;

1–2 Forscher
1 Forscherassistent

SO GEHTS:
1. Schneiden Sie den Flaschenhals der Plastikflasche großzügig ab und sichern Sie die scharfen Ränder mit Klebeband.
2. Legen Sie zum Beschweren Murmeln in den unteren Teil der Flasche.
3. Stellen Sie das Regenmessgerät an einer offenen Stelle im Freien auf.
4. Markieren Sie nach jedem Schauer den Wasserstand in der Flasche mit einem wasserfesten Stift und leeren Sie die Flasche anschließend wieder.

DAS PASSIERT!
Bei jedem Schauer füllt sich die Flasche unterschiedlich hoch mit Wasser.

FORSCHERWISSEN:
Die Menge des Wassers in der Flasche gibt an, wie viel Regen gefallen ist. Bei starkem Regen sind die Tropfen größer und viel dichter beieinander. Deshalb füllt sich die Flasche dann schneller mit Wasser als z. B. bei Nieselregen.

Es regnet

Diesen kurzen Vers können Sie einfach zwischendurch aufsagen. Oder Sie imitieren das Tropfen, indem Sie auf den Rücken Ihres Kindes klopfen.

SPRECHVERS

2–4 Mitspieler

Regentropfen tropfen.
Tropfen klopfen,
klopfen, die Tropfen, tropfen die Tropfen.

(Monika Diemer)

2–3 Jahre

Wassertropfenbilder

Draußen regnet es? Prima! Lassen Sie Wassertropfenbilder entstehen.

SO GEHT'S:
1. Zunächst bemalt Ihr Kind ein Blatt Papier in seiner Lieblingsfarbe, und zwar über die gesamte Fläche. Dabei sollte es viel Farbe und nur wenig Wasser nehmen.
2. Dann gehts mit Regenjacken und Gummistiefeln raus in den Regen. Jetzt heißt es: Tropfen fangen, indem das Kind das Blatt auf die Unterlage legt und vor sich hält. Nun regnet es auf das Blatt. Bevor das Papier aufweicht, sollten Sie alle schnell wieder reingehen und das Bild trocknen lassen. Dann ist ein Tropfenmuster zu sehen.

AUSPROBIEREN

Materialien: weißes Blatt Papier, Pinsel, Wasserfarbe, feste Unterlage, Regenkleidung;

1–4 Forscher
1 Forscherassistent

Wirbelsturm

Zwei Mitspieler fassen sich an den Händen. Sie sind der „Wirbelsturm" und müssen die anderen Kinder fangen. Wer vom Wirbelsturm „erfasst" wurde, wird selbst zum Sturm, indem er sich den Fängern anschließt.
Und weiter gehts: Der Wirbelsturm versucht, alle Kinder einzufangen. Spielen mehr als vier Kinder mit, kann sich der Sturm teilen. Dann versuchen zwei Wirbel, die anderen Kinder einzufangen.

BEWEGUNGSSPIEL

4–20 Mitspieler

Wetter: Regenschirm oder Sonnenhut

Aus Schnee wird Wasser

EXPERIMENTIEREN UND BEOBACHTEN

Materialien: Glas, Schnee, Wärmequelle;

1–2 Forscher
1 Forscherassistent

SO GEHTS:

Gehen Sie mit Ihrem Kind nach draußen und füllen Sie ein Glas mit Schnee. Lassen Sie den Schnee locker hineinfallen. Stellen Sie das Glas an einen warmen Ort, z. B. an eine Heizung. Beobachten Sie nun zusammen, wie der Schnee allmählich schmilzt. Ersatzweise bietet sich auch Eis aus der Gefriertruhe an.

Währenddessen können Sie Ihrem Kind von diesem Schneemann erzählen:

> *Ein Schneemann stand vorm Bahnhof gerne und träumte ewig von der Ferne. „Könnt ich mir doch die Welt ansehen, ich würde hier nicht länger stehen. Würde Ägypten und die Pyramiden sehen und am Nil spazieren gehen. Auf dem Kamel gings durch die Wüste und von da an Spaniens Küste."*
> *Doch da kommt ihm die Idee, er liebt ja eigentlich den Schnee.*
> *„Ich bleib beim Träumen und hier stehn, will doch nicht in die Ferne gehn."*
> *So träumt der Schneemann von der Ferne und bleibt am Bahnhof ziemlich gerne.*

(Monika Diemer)

DAS PASSIERT!

Der Schnee im Glas wird immer weniger. Er schmilzt und wird zu Wasser. Betrachtet man dabei den Schnee von Nahem, sieht man, wie sich die einzelnen Schneekristalle auflösen. Der Pegelstand des Wassers ist niedriger als zuvor der des Schnees.

FORSCHERWISSEN:

Schnee bleibt nur in der Kälte bestehen. In einer warmen Umgebung beginnt er, flüssig zu werden. Schnee besteht aus sehr vielen kleinen Kristallen, zwischen denen viel Luft ist. Im Wasser befindet sich keine Luft mehr, daher braucht Wasser weniger Platz im Glas als zuvor der Schnee.

2–3 Jahre

Wetterdomino

SO GEHTS:
1. Schneiden Sie aus dem Fotokarton mindestens 40 gleich große, rechteckige Karten aus. Genau in der Mitte der Vorderseite ziehen Sie – wie bei den bekannten Dominosteinen – einen dicken Strich.
2. Nun malen Sie die 40 Wetterkarten an: Auf der linken Seite zeichnen Sie verschiedene Wettersymbole wie z. B. Sonnenschein, Regen, Schneeflocken oder Eis. Rechts daneben malen Sie typische Wetterutensilien wie z. B. Regenschirm, Badehose, T-Shirt, Schal, Schlittschuhe oder Gummistiefel.
3. Jeder Spieler erhält sechs Karten, die restlichen werden gemischt und verdeckt auf einen Stapel gelegt. Die oberste Karte wird aufgedeckt und in die Mitte gelegt. Nun wird reihum angelegt, z. B. Schneeflocke zu Schal oder Badehose zu Sonnenschein. Wer nicht anlegen kann, nimmt eine neue Karte vom Stapel. Das Spiel ist zu Ende, wenn keiner mehr anlegen kann oder alle Karten ausliegen.

BASTELN UND SPIELEN

Materialien: weißer Fotokarton, Schere, Buntstifte;

3–4 Mitspieler

Elemente: Erde, Wasser, Luft und Feuer

Bilder aus „Erdfarbe"

Stellen Sie Erdfarbe her und lassen Sie Ihr Kind damit experimentieren.

SO GEHTS:

1. Im Eimer werden Erde und Sand gut mit den Fingern vermischt und zerbröselt.
2. Anschließend werden in gleicher Menge Wasser und angerührter Kleister mit der Erde zu einem dickflüssigen Brei vermischt.
3. Nun ist die Erdfarbe fertig und kann mit den Fingern und Händen auf das Papier gemalt werden!
4. Die „Erdbilder" müssen gut trocknen, bevor sie aufgehängt werden können.

Folgendes Rätsel können Sie Ihrem Kind danach vorlesen.
Vielleicht findet es schon schnell die passenden Reimwörter?

AUSPROBIEREN

Materialien: Eimer oder Schüssel, Erde, Sand, Wasser, Tapetenkleister, großes Blatt Papier, evtl. Kittel;

1–4 Forscher
1 Forscherassistent

RÄTSEL

Was habe ich in meiner Hand?
Guck mal hier, das ist doch S…
Nun aufgepasst, was soll das sein?
Ja, es ist ein richtig großer St…
Und hier nach meinem Buddelsturm
find ich einen kleinen W…

Mach ich den Sand nun nass und nasser,
brauch ich natürlich ganz viel W…
Und was ich jetzt zusammenpatsch,
ist richtig guter M…

(Monika Diemer)

Viel Spaß beim Rätseln!

2–3 Jahre

Was steckt in der Erde?

Untersuchen Sie gemeinsam, wer oder was sich im Erdboden versteckt.

SO GEHT'S:
1. Helfen Sie Ihrem Kind dabei, mit den Händen oder einer Schaufel ein Loch in den Boden zu graben, und schütten Sie Erdhügel auf.
2. Sehen Sie sich die aufgeschüttete Erde genau an. Nehmen Sie auch eine Lupe, um die Erde gemeinsam zu untersuchen. Bitte achten Sie darauf, dass Ihr Kind nichts verschluckt!

EXPERIMENTIEREN UND BEOBACHTEN
Materialien: Schaufel oder Spaten, Lupe;

1–6 Forscher
1 Forscherassistent

DAS PASSIERT!
Ihr Kind buddelt verschiedene Dinge zutage. Je tiefer es gräbt, desto kälter und feuchter fühlt sich der Boden an.

FORSCHERWISSEN:
Im Erdboden verbergen sich interessante Details. Hier gibt es nicht nur Erde und Steine unterschiedlicher Größen, sondern auch Wurzeln und Pflanzenteile. Zudem leben hier Tiere wie Käfer, Larven und Regenwürmer, die man mit der Lupe genauer betrachten kann.

Elemente: Erde, Wasser, Luft und Feuer

Blubberblasen

EXPERIMENTIEREN UND BEOBACHTEN

Materialien: Glasschüssel oder mit Wasser gefüllte Badewanne, kleine Plastikflasche;

1 Forscher
1 Forscherassistent

SO GEHTS:
Füllen Sie eine Schüssel oder Badewanne mit Wasser. Tauchen Sie anschließend eine leere Flasche schräg in das Wasser, dabei zeigt die Flaschenöffnung schräg nach oben.

DAS PASSIERT!
Aus der Flasche strömen Luftblasen, die dann an der Wasseroberfläche verschwinden. Gleichzeitig fließt Wasser in die Flasche.

FORSCHERWISSEN:
In der Flasche befindet sich – unsichtbare – Luft. Damit Wasser in die Flasche gelangen kann, muss die Luft daraus entweichen. Luft ist leichter als Wasser, deshalb steigt sie nach oben. Dabei bildet sie Luftblasen, die an der Wasseroberfläche zerplatzen: Die Luft gelangt ins Zimmer.

Federleicht

SPIELEN

Materialien: eine Vogelfeder für jeden Mitspieler;

2–4 Mitspieler

Jedes Kind bekommt eine Feder und legt sie auf die ausgestreckte Hand. Nun gilt es, die Feder möglichst schnell über eine vorher festgelegte Wegstrecke zu tragen, ohne sie dabei zu verlieren. Aber aufgepasst: Die Feder ist so leicht, dass sie schnell abhebt und zu Boden schaukelt. Wer schafft es, das Ziel zu erreichen, ohne die Feder zu verlieren?

Ich kann auch so toll schweben!

2–3 Jahre

Wasserspiele

Finden Sie gemeinsam mit Ihrem Kind heraus, wie sich Wasser anfühlt. Was passiert mit Wasser, wenn man es „schlägt", wirbelt oder darüber streicht?

Schön warm!

FÜHLEN UND AUSPROBIEREN

Materialien: 3 Glasschalen, größere Schüssel, 2 Waschlappen, Eiswürfel;

1–3 Forscher
1 Forscherassistent

SO GEHTS:
1. Befüllen Sie jeweils eine Schale mit warmem und kaltem Wasser und eine mit Eiswürfeln. Lassen Sie Ihr Kind in die Schalen fassen.
2. Ihr Kind taucht einen der beiden Waschlappen ins Wasser.
3. Stellen Sie eine Schüssel in die Badewanne oder bei gutem Wetter auch raus in den Garten. Lassen Sie Ihr Kind mit der flachen Hand ins Wasser schlagen, über das Wasser streichen, pusten oder mit der Hand wirbeln.

DAS PASSIERT!
Das Wasser in den Schüsseln fühlt sich unterschiedlich an. Es ist warm, lauwarm, kühl oder kalt. Die Eiswürfel sind sehr kalt. Der in Wasser getauchte Waschlappen ist nass und schwer, der andere ist trocken und leicht. Je nachdem, wie kräftig man mit der flachen Hand auf das Wasser schlägt, fühlt es sich hart oder weich an.
Wasser lässt sich sogar durch Pusten in Bewegung bringen.

FORSCHERWISSEN:
Wasser kann alle Temperaturen aufweisen. Der nasse Waschlappen hat sich voll Wasser gesogen und ist deshalb schwerer als der trockene Lappen. Schlägt man mit der flachen Hand kräftig auf das Wasser, kann es nicht so schnell zur Seite fließen und fühlt sich deshalb hart an. Schlägt man langsamer auf das Wasser, fühlt es sich weicher an, da es mehr Zeit hat, der Hand auszuweichen.

Elemente: Erde, Wasser, Luft und Feuer

Was schwimmt?

EXPERIMENTIEREN UND BEOBACHTEN

Materialien: große Glasschale mit Wasser, viele kleine Gegenstände, die schwimmen oder im Wasser untergehen, wie z. B. kleine Holzstückchen, Steine, Korken, Bausteine, Knetgummi;

1 Forscher
1 Forscherassistent

Mithilfe dieses Experiments entdeckt Ihr Kind, dass Gegenstände auf dem Wasser schwimmen oder untergehen. Zudem lernt es, dass neben dem Gewicht auch die Form eines Gegenstandes bestimmt, ob er schwimmt oder sinkt.

SO GEHTS:

1. Sammeln Sie ganz unterschiedliche Gegenstände und legen Sie diese vermischt auf einen Haufen.
2. Füllen Sie eine Glasschüssel mit Wasser und lassen Sie nun das Kind alle Dinge nacheinander ins Wasser legen. Beobachten Sie gemeinsam, was jetzt im Wasser mit den Sachen geschieht!
3. Formen Sie zunächst eine Kugel und anschließend ein Floß aus Knetgummi und legen Sie diese ins Wasser. Beschweren Sie das Floß auch mit Steinen.

DAS PASSIERT!

Einige Dinge gehen im Wasser unter und sinken zu Boden, andere schwimmen an der Wasseroberfläche.

FORSCHERWISSEN:

Dass Gegenstände im Wasser untergehen oder schwimmen, hängt nicht von ihrem Gewicht oder ihrer Größe ab. Auch ein großes und schweres Schiff schwimmt. Entscheidend ist die Wassermenge, die ein Gegenstand verdrängt im Verhältnis zu seinem Gewicht. Das Floß aus Knete ist leichter als die Wassermenge, die es verdrängt – es schwimmt. Die Kugel aus Knete ist schwerer als die Wassermenge, die sie verdrängt – sie sinkt.

Begleitend können Sie Ihrem Kind diesen Sprechvers vorlesen:

SPRECHVERS

*Was soll das auf dem Wasser sein,
ist es ein Blatt oder ein Stein?
Das Blatt, das schaukelt auf der Welle,
der Stein geht unter auf der Stelle.*

(Monika Diemer)

2–3 Jahre

Wie warm wird das Glas?

SO GEHTS:
1. Stellen Sie ein Teelicht in jedes Glas.
2. Zünden Sie zunächst ein Licht an. Wie warm fühlt sich das Glas an?
3. Nach etwa zehn Minuten wird die zweite Kerze angesteckt und die Temperatur der beiden Gläser verglichen.
4. Nach weiteren zehn Minuten zünden Sie das dritte Licht an. Welches Glas ist heiß, welches warm und welches kühl? Vorsicht, dass sich Ihr Kind nicht an einem der Gläser verbrennt oder seine Hand über die Flamme hält!

DAS PASSIERT!
Alle Gläser werden langsam warm. Das Glas, in welchem die erste Kerze angezündet wurde, ist am heißesten, das dritte Glas ist am kältesten.

FORSCHERWISSEN:
Die brennenden Kerzen geben ständig Wärme an die Marmeladengläser ab. Dadurch werden die Gläser allmählich immer stärker erwärmt, sodass das erste Glas heißer ist als das zweite und dieses heißer ist als das dritte Glas. Nach einer gewissen Zeit sind alle Gläser gleich heiß, weil das Glas in dieser Entfernung von der Flamme nur eine begrenzte Wärme aufnehmen kann.

Zu diesem Experiment passt folgender Vers:

Kennst du den Drachen Feuersturm?
Der wohnt in einem Feuerturm.
Der ist ganz schwarz vor lauter Ruß,
weil Feuersturm ja üben muss.
Es zischt und lodert sehr da oben,
wenn die Flammen knistern und toben.
Ein Feuerwerk will er entfachen,
denn er will uns Freude machen.
Schon sprüh'n die Funken in die dunkle Nacht
zu bunten Sternen, dass es blitzt und kracht.
Feuersturm wird blass und blasser,
denn plötzlich kommt von oben Wasser.
Bei Regen, da geht er nach Haus
und denkt sich neuen Feuerzauber aus.

(Monika Diemer)

EXPERIMENTIEREN
Materialien: 3 Marmeladengläser, 3 Teelichter, Streichhölzer, Wasser zum Löschen;

3–4 Forscher
1 Forscherassistent

SPRECHVERS

Tiere: Winzig klein und riesengroß

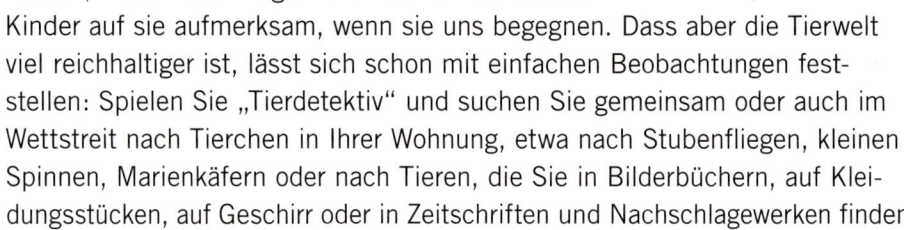

Tierdetektiv

Bei Tieren denken wir in erster Linie an Hunde, Katzen, Mäuse oder Vögel. Oft machen wir unsere Kinder auf sie aufmerksam, wenn sie uns begegnen. Dass aber die Tierwelt viel reichhaltiger ist, lässt sich schon mit einfachen Beobachtungen feststellen: Spielen Sie „Tierdetektiv" und suchen Sie gemeinsam oder auch im Wettstreit nach Tierchen in Ihrer Wohnung, etwa nach Stubenfliegen, kleinen Spinnen, Marienkäfern oder nach Tieren, die Sie in Bilderbüchern, auf Kleidungsstücken, auf Geschirr oder in Zeitschriften und Nachschlagewerken finden.

VARIANTE 1: Sie können auch die verschiedenen Darstellungen vergleichen – den Käfer im Bilderbuch mit dem Käfer im Lexikon, den Affen auf einer Tasse mit dem Affen in der Zeitschrift. Oder Sie versuchen herauszufinden, welche Krabbler in Ihrer Wohnung am häufigsten vorkommen.

VARIANTE 2: Machen Sie eine Expedition in den eigenen Garten oder auf die Veranda. Gut, wenn Sie dazu ein paar Vorbereitungen getroffen haben und bereits einige Tage zuvor Blumentöpfe auf den Boden gestellt oder einen kleinen Haufen aus altem Holz und Blättern aufgeschichtet haben. Jetzt gehen Sie gemeinsam auf Tierexpedition: Was hat sich unter dem Blumentopf getan? Wer krabbelt im Holzhaufen?
Kleine Kinder haben noch wenig Berührungsängste mit Insekten, Käfern und Spinnen. Sie finden die kleinen Krabbler in der Regel höchst interessant. Nutzen Sie also dieses Interesse an der Tierwelt, auch wenn Ihnen die Sechs- oder Achtbeiner vielleicht nicht ganz geheuer sind!

BEOBACHTEN
Materialien: Bücher, Zeitschriften, Kleidungsstücke, Haushaltsgegenstände;

1–3 Forscher
1 Forscherassistent

BEOBACHTEN
Materialien: Blumentöpfe, altes Holz, Blätter;

1–3 Forscher
1 Forscherassistent

2–3 Jahre

Vogelwelt

Um Vögel zu beobachten, muss man nicht unbedingt im Morgengrauen aufstehen – auch wenn Vogelkundler das natürlich tun. Man kann die Vögel z. B. mit Vogelfutter locken und sie dann bei ihrer Mahlzeit beobachten.

Hängen Sie im Winter einen Meisenring so vors Fenster, dass Sie gemeinsam mit Ihrem Kind die Vögel beim Knabbern und Picken beobachten können. Welche Vögel werden an die Futterstelle gelockt? Kommen sie regelmäßig? Gibt es Streit bei der Vogelmahlzeit? Wie nehmen sie die Körner auf? Im Sommer können Sie die verschiedenen Vögel gut an einer Tränke beobachten, die Sie zuvor gemeinsam aufgestellt haben. Schauen Sie zu, wer sich bei Ihnen den Durst löscht. Anschließend bietet es sich an, gemeinsam mit Ihrem Kind in Bilderbüchern, Zeitschriften oder Nachschlagewerken nach diesen und anderen Vögeln zu suchen.

Ich mag Sonnenblumenkerne so gerne!

VARIANTE: Sie können die Vögel auch mit selbst gemachten Vogelfutterplätzchen bewirten. Die Zubereitung macht Ihrem Kind bestimmt Spaß!

SO GEHTS:
Lassen Sie das Kokosfett auf kleiner Flamme schmelzen und rühren Sie dann Nüsse, Samen und Sonnenblumenkerne hinein. Nach kurzem Abkühlen können Sie gemeinsam den „Teig" in Ausstechformen füllen. Bevor er ganz fest wird, bohren Sie mit dem Kochlöffelstiel ein Loch in die Mitte. Damit Sie den „Vogelkuchen" draußen aufhängen können, ziehen Sie später durch das Loch einen stabilen Bindfaden. Um fest zu werden, sollten die Vogelfutterplätzchen über Nacht an einem kühlen Ort liegen.

BEOBACHTEN

Materialien: Meisenring, loses Vogelfutter, Wasser

Rezept für Variante: eine Tüte Vogelfutter, 200 g Kokosfett, Formen für Plätzchen, Kochlöffel, Bindfaden;

1–3 Forscher
1 Forscherassistent

Tiere: Winzig klein und riesengroß

Käferexpedition

BEOBACHTEN
Material: Becherlupenglas;

1–4 Forscher
1 Forscherassistent

Nutzen Sie den Sonntagsspaziergang im Wald, um gemeinsam nach kleinen Waldbewohnern zu suchen. Vielleicht sehen Sie Marienkäfer oder Ameisen, entdecken ein Spinnennetz oder finden gemeinsam heraus, was sich unter einem Blätterhaufen befindet. Wichtig ist, dass Sie Ihr Kind zuvor auf den artgerechten Umgang mit den Krabbeltieren vorbereitet haben. So dürfen sie natürlich nur ganz vorsichtig angefasst, im Becher nicht geschüttelt oder der prallen Sonne ausgesetzt werden. Helfen Sie Ihrem Kind beim Einfangen der Tiere.

Eine Becherlupe besteht aus einem durchsichtigen Kunststoffbecher mit abnehmbarem Deckel, in den eine Lupe eingearbeitet ist. Die Lupe lässt sich wegklappen. Bei manchen Bechern kann auch der gesamte Deckel abgenommen werden und ist dann als einfache Lupe verwendbar. Außerdem gibt es wasserdichte Becher mit einer zusätzlichen seitlichen Lupe, mit der kleine Wassertiere gut beobachtet werden können.

Durch die Lupe kann Ihr Kind z. B. genau sehen, wie die Tierchen krabbeln, kriechen oder flattern. Später werden die Tiere vorsichtig wieder an ihren Fundort zurückgebracht. Mit Tierbüchern und Geschichten lässt sich das Interesse an den Krabblern vertiefen.

VARIANTE: Nehmen Sie einen Regenschirm mit in den Wald. Spannen Sie ihn auf und halten Sie ihn wie einen Korb unter einen Baum oder Busch. Schütteln Sie dann kräftig die Äste. Was hat sich alles im Regenschirm eingefunden? Neben Blättern, kleinen Ästen, Blüten und Früchten sind es gewiss auch verschiedene kleine Tiere. Diese können Sie jetzt gemeinsam beobachten, bevor Sie den Schirm wieder umdrehen und die Tiere in ihre Waldwelt entlassen.

Tiermemo

SO GEHTS:
1. Schneiden Sie eine gerade Anzahl gleich großer Kärtchen aus dünner Pappe aus.
2. Bekleben Sie diese gemeinsam mit Tierbildern, die Sie in Zeitschriften gefunden haben. Der Clou: Auf den jeweils zwei Bildern finden sich nur ähnlich aussehende, nicht aber identische Tiere, wie z. B. ein großer und ein kleiner Hund oder eine schwarze und eine rote Katze. Viel Freude beim Aufspüren der Kärtchenpaare! Beim Aufdecken der Kärtchen nennen Sie bzw. Ihr Kind dann immer den Tiernamen.

VARIANTE: Aus den ausgeschnittenen Tierbildern können Sie auch gemeinsam Collagen zusammenkleben, wie z. B. lustige Fabeltiere mit einem Pferdekopf, Giraffenhals, Affenbauch, Entenfüßen und Katzenschwanz!

BASTELN UND SPIELEN

Materialien: Schere, dünne Pappe, Zeitungen, Zeitschriften oder Prospekte;

2 Mitspieler

Tierrätsel

Zeigen Sie Ihrem Kind Bilder von verschiedenen Tieren und stellen Sie ihm dann diese Rätselfragen. Findet es die richtige Antwort? Wenn nicht, dann begeben Sie sich gemeinsam auf die Suche nach der richtigen Antwort. Denken Sie sich doch auch weitere Rätselfragen aus!

Welches Tier hat immer einen Kamm bei sich, obwohl es gar keine Haare hat?
Der Hahn. Er trägt ihn auf dem Kopf.

Welches Tier ist am stärksten?
Die Schnecke. Sie trägt ihr Haus auf dem Rücken.

RÄTSEL

Materialien: Bilder von Tieren aus Zeitschriften oder Büchern;

2–4 Mitspieler

Tiere: Winzig klein und riesengroß

Häschen in der Grube

BEWEGUNGSSPIEL

5–15 Mitspieler

Häschen in der Grube
saß und schlief, saß und schlief.
Armes Häschen, bist du krank,
dass du nicht mehr hüpfen kannst?
Häschen hüpf, Häschen hüpf, Häschen hüpf!

Häschen, vor dem Hunde hüte dich, hüte dich.
Hat gar einen scharfen Zahn,
packt damit mein Häschen an.
Häschen lauf, Häschen lauf, Häschen lauf.

(Friedrich Fröbel)

SO GEHTS:

Die Kinder bilden einen Kreis. Ein Kind hockt sich als Häschen in die Mitte des Kreises und schließt seine Augen. Die anderen Kinder fassen sich an den Händen und tanzen im Kreis herum. Dabei wird das Lied gesungen. Die Melodie ist (leicht abgewandelt) die des Volksliedes „Fuchs, du hast die Gans gestohlen".

Bei „Häschen hüpf" öffnet das Häschen die Augen, legt seine Hände als Hasenohren an und hüpft in die Höhe. Während des zweiten Verses springt das Häschen aus dem Kreis und versucht zu fliehen. Ein vorher bestimmtes Kind will es fangen. Wenn es ihm gelingt, darf es in der nächsten Runde das Häschen spielen.

Konrad plappert alles nach

Lesen Sie Ihrem Kind die Geschichte vor und überlegen Sie anschließend gemeinsam, wie sich Tiere untereinander verständigen. Erzählen Sie, dass es viele Tierlaute gibt, deren Bedeutung wir verstehen können, etwa das Knurren eines Hundes oder das Schnurren einer Katze. Achten Sie gemeinsam bei den nächsten Spaziergängen auf Tierlaute. Was hören Sie von den Vögeln im Wald und was „sagen" die Kühe auf der Weide?

VORLESEN UND ERKUNDEN

2–6 Mitspieler

Lena sitzt auf dem Teppich und baut einen Turm aus bunten Bauklötzen. Sie freut sich, dass schon drei Bauklötze aufeinander stehen bleiben. „Lena baut! Lena baut!", ruft sie immer wieder. Jonas und Marie malen mit Fingerfarben ein großes buntes Bild. Konrad sitzt auf seiner Lieblingsstange und putzt seine Federn.
Mama und Papa schauen ins Kinderzimmer. „Na, was treibt ihr denn?", fragt Papa. „Wir malen ein Superbild", sagt Jonas. „Lena baut! Lena baut!", ruft Lena wieder und klatscht in die Hände. Papa setzt sich zu ihr auf den Teppich. Plötzlich flattert Konrad auf Papas Schulter und krächzt: „Lena baut! Lena baut!" Lena lacht. „Oh", ruft Mama, „jetzt hat Konrad schon wieder was Neues gelernt!"

Marie schaut zu Konrad und fragt: „Warum können Papageien eigentlich sprechen?" Jonas weiß die Antwort: „Weil sie kleine verzauberte Menschen sind!" „Aber nur im Märchen", meint Papa. „Papageien sind nicht verzaubert. Sie können nur ihre Zungen bewegen – so wie wir Menschen auch. Und weil sie gern fremde Geräusche nachahmen, plappern sie uns nach, wenn man ihnen etwas ganz oft vorsagt, so wie Lena das macht. Aber sie verstehen davon kein Wort!"
„Probiert doch mal, wie sich eure Zunge bewegt", schlägt Mama vor, „zum Beispiel beim „D", beim „L", beim „N" oder beim „T". Jonas und Marie spüren, wie sie ihre Zunge beim „L" einrollen oder beim „T" gegen den Gaumen drücken. Das ist lustig!

(Ute Diehl)

Farben: Ganz schön bunt

Farbwürfelspiele

Farbwürfel eignen sich für viele verschiedene Spiele. Damit kann Ihr Kind die bunte Farbenwelt ganz bewusst kennenlernen. Gut, wenn es vorher bereits gelernt hat, Farben zu unterscheiden, etwa beim Sortieren von Knöpfen, Buntstiften oder Wäscheklammern.

SO GEHTS:

Basteln Sie doch mit Ihrem Kind einen Farbwürfel aus dünner Pappe oder etwas dickerem Papier. Die einzelnen Farben kann Ihr Kind mit Fingerfarben oder dicken Buntstiften auf die noch nicht zusammengeklebten Flächen auftragen. Vergrößern Sie diese Würfelvorlage nach Belieben!
Der Würfel besteht aus sechs gleich großen quadratischen Flächen. Damit man den Würfel nach dem Falten zusammenkleben kann, sind – wie in der Bastelvorlage erkennbar – Klebekanten notwendig.

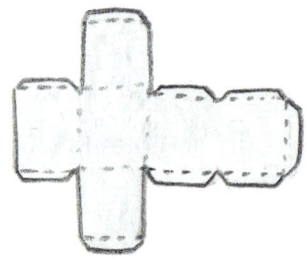

Kleider würfeln: Sie und Ihr Kind würfeln abwechselnd. Dann nennt jeder seine gewürfelte Farbe und holt sich ein Kleidungsstück aus dem Kleiderschrank, das diese Farbe hat. Zum Schluss zieht jeder seine gesammelten Kleider an.

Fingerfarben-Abdruck: Legen Sie Fingerfarben in den sechs Würfelfarben und Zeichenpapier bereit. Nach dem Würfeln macht jeder Spieler mit der gewürfelten Farbe einen Fingerabdruck auf das vor ihm liegende Papier. (Der Finger kann anschließend mit einem Papiertuch wieder abgewischt werden.) Dann kommt der nächste Spieler an die Reihe. Wer zuerst die sechs Fingerabdrücke von allen Farben des Würfels auf seinem Bild versammelt hat, ist Sieger. Sie können auch weitere Regeln anwenden: Wer zweimal hintereinander dieselbe Farbe gewürfelt hat, darf noch einmal würfeln oder muss einmal aussetzen.

BASTELN UND SPIELEN

Materialien: Farbwürfel, Fingerfarben oder Buntstifte, Papier, Pappe, Klebstoff, Schere, Papiertaschentücher, farbige Kleidungsstücke;

2–4 Mitspieler

2–3 Jahre

Fußabdruck

Mit Fingerfarben lässt es sich prima drucken. Legen Sie das Papier auf den Fußboden oder im Sommer auf Veranda, Terrasse oder Balkon. Malen Sie Ihre Fußsohlen, die Ihres Kindes oder die einer Puppe mit verschiedenen Farben an. Drücken Sie dann die Füße fest auf das Papier. Jetzt können Sie vergleichen: Wer hat die größten Füße? Was passiert, wenn sich die Abdrücke überlappen?

SPIELEN UND BEOBACHTEN

Materialien: großformatiges Papier (z. B. Packpapier), Fingerfarben;

2–4 Mitspieler

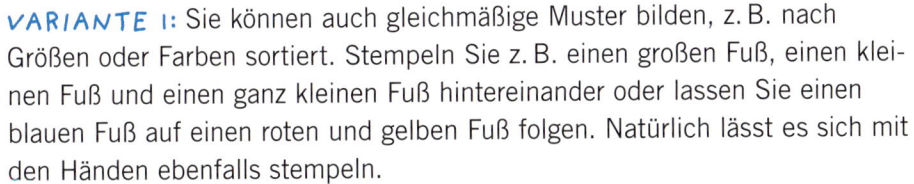

VARIANTE 1: Sie können auch gleichmäßige Muster bilden, z. B. nach Größen oder Farben sortiert. Stempeln Sie z. B. einen großen Fuß, einen kleinen Fuß und einen ganz kleinen Fuß hintereinander oder lassen Sie einen blauen Fuß auf einen roten und gelben Fuß folgen. Natürlich lässt es sich mit den Händen ebenfalls stempeln.

VARIANTE 2: Sie können auch ein buntes Spielfeld mit ganz unterschiedlichen Farbfolgen drucken. Achten Sie aber darauf, dass das Spielfeld einen Anfang und ein Ende hat. Wenn die Farben getrocknet sind, können Sie mit dem Farbwürfel um die Wette würfeln. Jeder bekommt einen Spielstein. Dann wird der Reihe nach gewürfelt. Gesucht wird immer die Farbe des nächsten Abdrucks. Wer diese gewürfelt hat, darf vorrücken und nochmals würfeln. Wird die passende Farbe nicht gewürfelt, kommt der Nächste dran. Sie können das Spiel auch etwas variieren: Die Mitspieler dürfen immer auf den nächsten Abdruck hüpfen, dessen Farbe sie gewürfelt haben. In der Regel wird dabei das Ziel sehr viel schneller erreicht.

Meine Fußabdrücke sehen so aus!

Farben: Ganz schön bunt

BASTELN UND BEOBACHTEN

Materialien: farbiges Papier, wieder ablösbarer Klebstoff oder Klebeband;

1 Forscher
1 Forscherassistent

Wenn die Sonne malt

SO GEHTS:
Lassen Sie Ihr Kind auf ein farbiges Papier ein Muster kleben. Da die Klebeteile später entfernt werden müssen, sollten Sie wiederablösbaren Klebstoff oder Klebeband verwenden. Nun wird das Blatt auf das Fensterbrett gelegt.

DAS PASSIERT!
Wenn man nach einigen Tagen die Klebeteile entfernt, sieht man, dass darunter dasselbe Muster erhalten geblieben ist: Während sich das übrige Papier leicht verfärbt hat, sind die abgedeckten Teile unverändert geblieben.

FORSCHERWISSEN:
Die Sonne hat ein Bild „gemalt", weil die Sonnenstrahlen das unbedeckte Papier ausgebleicht haben. Die ursprüngliche Farbe des Papiers ist an den bedeckten Stellen erhalten geblieben.

BEOBACHTEN

Materialien: Papier, Stehlampe, Filzstifte;

2 Mitspieler

Schattenbilder

Ihr Kind sitzt seitlich in der Nähe einer Wand, an der Sie zuvor ein weißes Papier in der Höhe seines Kopfes befestigt haben. Nun beleuchten Sie das Profil Ihres Kindes mit einer hellen Lampe. Zeichnen Sie auf dem Papier die Umrisse des Schattenbildes nach. Jetzt kann Ihr Kind sein Profil betrachten. Vielleicht möchte es das Schattenbild ausmalen?

VARIANTE: Werfen Sie Schattenbilder von Gegenständen an die Wand. Wie ändert sich deren Größe, wenn der Abstand zur Wand verändert wird?

FORSCHERWISSEN:
Je größer der Abstand des Gegenstands zur Wand ist und je näher man dabei der Lichtquelle kommt, umso mehr Licht wird verdeckt. Dadurch wird der Schatten größer und unschärfer.

2–3 Jahre

Grün sind alle meine Kleider

Zu diesem Lied kann man einen bunten Verkleidungsspaß starten.
Bei den jeweiligen Strophen werden die farblich passenden Kleidungsstücke (oder Decken, Tücher, Kissen etc.) in der Wohnung gesucht und angezogen.

SPIELEN

2–4 Mitspieler

*Grün, grün, grün sind alle meine Kleider,
grün, grün, grün ist alles, was ich hab'.
Darum lieb' ich alles, was so grün ist,
weil mein Schatz ein Jäger, Jäger ist.*

*Blau, blau, blau sind alle meine Kleider,
blau, blau, blau ist alles, was ich hab'.
Darum lieb' ich alles, was so blau ist,
weil mein Schatz ein Seemann, Seemann ist.*

*Weiß, weiß, weiß sind alle meine Kleider,
weiß, weiß, weiß ist alles, was ich hab'.
Darum lieb' ich alles, was so weiß ist,
weil mein Schatz ein Bäcker, Bäcker ist.*

*Schwarz, schwarz, schwarz sind alle meine Kleider,
schwarz, schwarz, schwarz ist alles, was ich hab'.
Darum lieb' ich alles, was so schwarz ist,
weil mein Schatz ein Schornsteinfeger ist.*

*Bunt, bunt, bunt sind alle meine Kleider,
bunt, bunt, bunt ist alles, was ich hab'.
Darum lieb' ich alles, was so bunt ist,
weil mein Schatz ein Maler, Maler ist.*

(Volkslied)

Schall: Hör doch mal!

Trommel bauen

BAUEN UND AUSPROBIEREN

Materialien: leere Konservendose mit glattem Rand, festes Transparentpapier (für techn. Zeichnungen), 2 Stöckchen, Watte, 2 Servietten, Schere, Bindfaden, Farben zum Bemalen der Dose;

1–2 Mitspieler

SO GEHTS:

1. Aus dem Transparentpapier wird eine Kreisform ausgeschnitten, die etwa 3 cm breiter als die der Dose ist. Das Papier wird mit etwas kaltem Wasser angefeuchtet.

2. Das Papier wird über die Dose gelegt und mit einem Gummi befestigt. Schön straff ziehen! Damit das Papier trocknet, wird die Dose auf die Heizung oder in die Sonne gestellt. Durch den Trocknungsprozess zieht sich das Papier noch ein wenig zusammen, sodass die Trommel eine schöne, straff gespannte Oberfläche bekommt.

3. Während das Papier trocknet, werden die Schlägel gefertigt. Das eine Ende der Stöckchen wird dick mit Watte gepolstert. Darüber legen wir eine Serviette und befestigen sie mit dem Faden am Stöckchen.

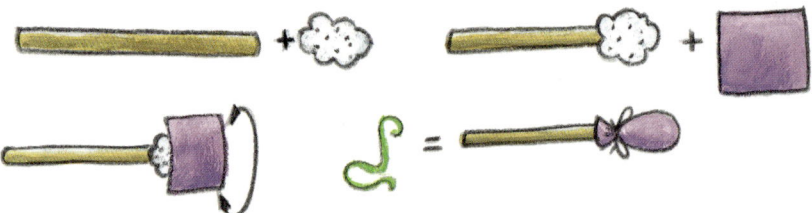

Lassen Sie Ihr Kind langsam und schnell, laut und leise auf der Trommel spielen. An welcher Stelle klingen die Töne höher, wo dunkler?

Ein Hut, ein Stock, ein Regenschirm

Stellen Sie sich neben Ihr Kind und gehen Sie nebeneinander her. Beginnen Sie mit dem rechten Fuß und schreiten Sie im Rhythmus des Liedes voran. Bei dem Wort „Hut" heben Sie den Hut zum Gruß, mit dem „Stock" tippen Sie auf den Boden, den „Regenschirm" halten Sie über den Kopf. Bei dem Wort „vorwärts" bleiben Sie stehen und machen einen kleinen Tipp mit dem rechten Fuß vor sich, bei „rückwärts" hinter sich, bei „seitwärts" rechts neben sich und bei dem Wort „bei" stellen Sie Ihren rechten Fuß neben den linken. Dann beginnt das Lied wieder von vorne.

BEWEGUNGSSPIEL

2–10 Mitspieler

2–3 Jahre

Eins
und zwei
und drei
und vier
und fünf
und sechs
und sieben
und acht,
ein Hut
ein Stock
ein Regenschirm
und vorwärts,
rückwärts,
seitwärts,
bei.
Und eins ...

(überliefert)

Schall: Hör doch mal!

WAHRNEHMEN
Materialien: Lebensmittel;

2 Forscher

Essen hören

Lautes Schmatzen oder gar Rülpsen gehört natürlich nicht zu den feinen Tischmanieren. Aber ganz leise geht es beim Essen nie zu – zumindest für unser „inneres Ohr." Lassen Sie Ihr Kind aufmerksam zuhören, wie es sich anhört, wenn es in einen Apfel beißt und ihn zerkaut, was es hört, wenn es ein Bonbon lutscht oder etwas trinkt. Es ist höchst erstaunlich, was wir alles hören können, wenn wir uns darauf konzentrieren und in uns „hineinhören"!

Ich knacke meine Nüsse immer laut!

Flüstertüte

BASTELN UND EXPERIMENTIEREN
Materialien: DIN-A4-Papier, Klebeband;

1–2 Forscher
1 Forscherassistent

Stellen Sie sich gegenüber und flüstern Sie einen einfachen Satz. Dann flüstern Sie sich diesen Satz gegenseitig ins Ohr und formen Ihre Hand dabei zu einer Art Trichter, damit das Kind Sie noch besser verstehen kann. Vielleicht möchten Sie gemeinsam eine tolle Flüstertüte basteln?

SO GEHTS:
Rollen Sie ein DIN-A4-Papier so zu einem Trichter zusammen, dass an einem Ende eine Öffnung in der Größe eines Euros und am anderen Ende eine möglichst große Öffnung entsteht. Kleben Sie die Flüstertüte außen mit einem Klebeband fest, damit sie nicht wieder auseinanderrollt.

DAS PASSIERT!
Halten Sie die Tüte dicht an Ihr Ohr. Lassen Sie Ihr Kind in die Tüte flüstern. Sie können es nun noch deutlicher verstehen. Auch Ihr Kind wird Sie durch die Flüstertüte jetzt viel besser hören.

FORSCHERWISSEN:
Die Wirkung entsteht, weil die trichterförmige Flüstertüte den Schall bündelt und direkt ins Ohr oder in die Umgebung leitet.

Technik: Wie geht das?   2–3 Jahre

Eine schwere Last

Schwere Sachen sind natürlich auch schwer zu tragen. Wie man sich die Arbeit etwas leichter machen kann, zeigt dieser Versuch.

VORBEREITUNG:
Lassen Sie Ihr Kind mit Bauklötzen Türme und Brücken bauen, mit Spielzeugautos darüber fahren und am Ende alles einstürzen. So wird das Verständnis für stabile und für wacklige Konstruktionen geschult.

SO GEHTS:
1. Nehmen Sie einen längeren, stabilen Stab aus Holz. Legen Sie in eine Stofftragetasche oder eine feste Plastiktüte z. B. ein schwereres Buch.
2. Ihr Kind hält nun den Stab am einen Ende fest, sodass der Stab waagerecht von ihm wegzeigt.
3. Hängen Sie die Tüte an den Stab, zuerst ganz nah an den Händen des Kindes. Ziehen Sie dann die Tüte langsam ans andere Ende des Stabes. Wann ist das Gewicht für Ihr Kind leichter zu tragen? Fragen Sie es.

DAS PASSIERT!
Hängt die Tasche weit weg von Ihrem Kind, wird es immer schwerer, den Stab waagerecht zu halten, obwohl das Gewicht in der Tasche nicht schwerer wird. Ist die Tasche ganz nah beim Kind, lässt sie sich am besten tragen.

FORSCHERWISSEN:
Je weiter die Tasche vom Körper weg ist, desto mehr Kraft benötigt das Kind, den Stab festzuhalten.

EXPERIMENTIEREN
Materialien: Bauklötze, Spielzeugautos; Stab, Tasche oder Plastiktüte, schweres Buch o. Ä.;

1 Forscher
1 Forscherassistent

Technik: Wie geht das?

Die Haare stehen zu Berge

EXPERIMENTIEREN

Materialien: Luftballon, Pullover aus Wolle oder Synthetik oder Wollmütze;

1–4 Forscher
1 Forscherassistent

Dieser Versuch zum Thema Elektrizität funktioniert garantiert und sieht auch noch lustig aus!

SO GEHTS:

1. Blasen Sie einen Luftballon auf.
2. Reiben Sie den Ballon an Ihrem Pullover. Am besten eignet sich ein Pullover aus Wolle oder einem synthetischen Material.
3. Halten Sie den Ballon nun knapp über den Kopf Ihres Kindes.

DAS PASSIERT!

Die Haare Ihres Kindes stehen zu Berge.

FORSCHERWISSEN:

Der Ballon hat sich durch das Reiben aufgeladen. Diese Aufladung zieht die Haare an – wie ein Magnet das Eisen.

3 – 4 Jahre

Für clevere Neugiermäuse

Tipps für Forschereltern

WAS KANN DAS KIND?

Sprechen, Ordnen, Konstruieren

Mit 3–4 Jahren entwickeln sich ganz besonders die sprachlichen und feinmotorischen Fähigkeiten. Sicher haben Sie bemerkt, dass Ihr Kind sich am liebsten ganz ohne Hilfe anziehen will. Manchmal vertieft es sich in Handlungen. In anderen Situationen steht es ganz verträumt da oder will nicht gleich mitkommen, obwohl Sie es vielleicht eilig haben. Es wird immer selbstständiger und dabei selbstbewusster – was Sie vielleicht als Abwehr oder Trotzphase erleben. In dieser Altersstufe und mit den bisher gemachten Erfahrungen „konstruiert" Ihr Kind sich eine immer komplexer werdende Welt im eigenen Kopf. Was es dazulernt, wird in Sprache umgesetzt und in Handlungszusammenhänge gebracht. Sie sind sicher erstaunt, wie oft es versucht, Erfahrungen oder Erlebnisse mit eigenen Worten auszudrücken. Wenn Sie Geduld haben und Ihrem Kind Zeit lassen, kann es stolz berichten, dass es dieses oder jenes selbst gemacht hat und was es bereits alles weiß. Dabei vernimmt man mitunter ganz eigene, überraschende Geschichten und Erklärungen.

In der Auseinandersetzung mit Gleichaltrigen und anderen Erwachsenen lernt Ihr Kind durch Beobachten und Nachmachen viel Neues – wenn es die Möglichkeit dazu hat. Andere Menschen beeinflussen die Lernfortschritte Ihres Kindes: Es bringt neue Wörter, neue Erkenntnisse und Erfahrungen mit.

Beim Forschen stehen weiter das Sammeln und Vergleichen von Dingen und Situationen im Vordergrund, wobei aber nun immer stärker nach Begriffen gesucht wird, die dabei helfen, die Dinge und Situationen zu ordnen. Das Kind teilt seine Entdeckungen immer wortreicher mit.
Dazu kommen das Gestalten und „Konstruieren". Das Kind wird immer geschickter. Hierbei erlebt es viele Eigenschaften der Dinge seiner Umwelt in kleinen sinnhaften Zusammenhängen. Die Beobachtung wird geschult, der Umgang mit Hilfsmitteln oder Werkzeugen, die Sprache und Handlungskompetenzen werden entwickelt.

3–4 Jahre

WAS IST JETZT FÜR DAS KIND SPANNEND UND ANREGEND?

Spannend wird nun alles sein, was das Kind selbst machen kann und was seine Sinne fordert und überrascht. Wenn es etwas alleine machen darf, sind Erfolgserlebnisse für positive Erfahrungen mit der Selbstständigkeit und das Sprechen über Erfahrenes und Beobachtetes sehr wichtig.
So mögen Kinder in diesem Alter das Sammeln, Ordnen und Vergleichen verschiedenster Gegenstände, das Hantieren mit Naturmaterialien, das Bauen und Gestalten, aber auch immer stärker das genaue Beobachten über einen längeren Zeitraum. Bewusst bestimmte Handlungsziele zu erreichen – wie z. B. einen besonders hohen Turm zu bauen oder tatsächlich Tierspuren zu entdecken – regen zu neuen Taten an.

WAS KÖNNEN SIE TUN?

Motivieren Sie Ihr Kind, die Welt zu entdecken. Beobachten Sie gemeinsam mit Ihrem Kind Naturerscheinungen, reden Sie mit ihm darüber und lassen Sie es z. B. malen, was es beobachtet. Dabei wird einerseits die genaue Beobachtung geschult, andererseits werden aber auch seine sprachlichen und feinmotorischen Fähigkeiten entwickelt.
Lassen Sie das Kind eigene Erfahrungen mit der Umwelt sammeln: Spielen Sie mit Licht und Schatten, zeigen Sie ihm, wie ein Regenbogen aussieht, lassen Sie es erkunden, wie die Zeit vergeht und wie sich Pflanzen entwickeln. Überall – zu Hause und im Freien – finden sich dafür viele Möglichkeiten.

MÖGLICHE AKTIONEN

- Naturmaterialien sammeln, sortieren, vergleichen und beschreiben
- Begriffe erfinden
- mit verschiedenen Materialien experimentieren und dabei bestimmte Handlungsziele verfolgen
- die Eigenschaften u. a. von Wasser, Erde und Luft und Licht entdecken
- (Natur-)Farben selbst herstellen
- vorsichtige Versuche mit Feuer
- erste Erkenntnisse bezüglich Schwerkraft

Pflanzen: Ab ins Grüne

Auf Baumsafari

SAMMELN UND BEOBACHTEN

Materialien: diverse Blätter;

1 Forscher
1 Forscherassistent

Bäume kann man an ihrer unterschiedlich ausgeprägten Rinde erkennen. Viel einfacher aber lassen sie sich durch ihre charakteristischen Blätter unterscheiden.

Nehmen Sie bei Ihrem nächsten Herbstspaziergang einen Beutel mit und sammeln Sie gemeinsam mit Ihrem Kind unterschiedliche Blätter ein.

Sortieren Sie zu Hause die gefundenen Blätter: Welche Blätter sehen gleich aus? Welche Formen kann man sehen?

Vielleicht können Sie sogar herausfinden, zu welchem Baum die Blätter gehören! Zur Unterstützung finden Sie hier ein paar charakteristische Blattformen der häufigsten Baumarten:

VARIANTE: Wenn Sie die Blätter z. B. in einem Telefonbuch trocknen und pressen, können Sie sie auf Papier kleben und beschriften.

Blumen pressen

Pflücken Sie bei Ihrem nächsten Spaziergang gemeinsam mit Ihrem Kind einen bunten Strauß aus Blumen, die Sie am Wegesrand, im Wald oder auf der Wiese sehen. Durch Trocknen und Pressen lassen sich die Pflanzen konservieren.

Nehmen Sie ein dickes Telefonbuch und lassen Sie Ihr Kind je eine Blume in eine Doppelseite legen. Zwischen den einzelnen Blumen sollten mehrere Seiten Platz gelassen werden, da die Seiten des Telefonbuchs die Feuchtigkeit aus den Blumen aufnehmen. Beschleunigen kann man den Prozess, indem man zusätzlich ein Blatt Löschpapier auf jede Blume legt. Klappen Sie anschließend das Telefonbuch zu und beschweren Sie es zusätzlich durch ein größeres Buch.

Das Telefonbuch muss nun etwa sechs bis sieben Tage zugeklappt bleiben. Sind die Blumen getrocknet, kann Ihr Kind sie vorsichtig herausnehmen und jede Blume z. B. auf Tonpapier kleben.
Neben der getrockneten Blume lassen sich nun Datum, Fundort und der Name Ihres Kindes notieren. Vielleicht kennen Sie sogar den Namen der Blume und können Ihrem Kind diesen verraten?
Ihr Kind wird sich freuen, mit Ihnen die Besonderheiten und Unterschiede der einzelnen Blumen zu entdecken.

BASTELN UND BEOBACHTEN

Materialien: Telefonbuch, schweres Buch, gepflückte Blumen, Tonpapier in unterschiedlichen Farben, Klebestift oder Klebeband, Stift;

1–4 Forscher
1 Forscherassistent

Pflanzen: Ab ins Grüne

Fiepende Grashalme

AUSPROBIEREN

Material: harter und breiter Grashalm;

1–4 Forscher
1 Forscherassistent

Ein Grashalm lässt sich im Handumdrehen in ein kleines, handliches Musikinstrument verwandeln. Suchen Sie einen harten Grashalm auf der Wiese und pflücken Sie ihn.
Zeigen Sie Ihrem Kind, wie man den Grashalm zwischen die beiden Daumen spannt. Er muss richtig stramm liegen. Anschließend soll Ihr Kind kräftig in den Spalt zwischen den beiden Daumen blasen.
Der Grashalm beginnt zu vibrieren und ein lautes Fiepen ertönt. Ermutigen Sie Ihr Kind, es weiter zu probieren, wenn es nicht gleich beim ersten Mal klappt. Mit ein wenig Übung kann Ihr Kind dem Grashalm schon bald ein paar Töne entlocken.

Da pfeif ich aber besser!

Teequiz

AUSPROBIEREN

Materialien: verschiedene Teesorten, Wasser, Tassen, Augenbinde;

1–2 Forscher
1 Forscherassistent

Die meisten Teesorten werden aus Blüten oder Blättern hergestellt. Obwohl die Pflanzen für den jeweiligen Tee getrocknet werden, haben Sie immer noch ihren eigenen, charakteristischen Geschmack.

Veranstalten Sie mit Ihrem Kind ein kleines Tee-Ratequiz: Nehmen Sie zwei bis vier prägnante Teesorten wie z. B. Kirsche, Hagebutte, Kamille, Brennnessel oder Pfefferminze. Bereiten Sie jeweils eine Tasse zu und lassen Sie Ihr Kind – natürlich mit verbundenen Augen – probieren. Schmeckt es die Unterschiede heraus bzw. kann es die Sorte bereits am Duft erkennen?

VARIANTE: Einfacher wird es, wenn Ihr Kind vorher an den frischen Kräutern oder am Tee riechen kann, z. B. an frischer Pfefferminze oder einer getrockneten Kamillenblüte.

Machen Erbsen Geräusche?

Mit diesem Experiment lässt sich wunderbar verdeutlichen, wie Wasser auf Pflanzensamen wirkt.

SO GEHTS:
1. Bedecken Sie gemeinsam das Tablett mit Alufolie. Stellen Sie die Becher darauf und füllen Sie beide bis zum Rand mit getrockneten Erbsen.
2. Gießen Sie Wasser in einen Becher, bis der Becher bis oben hin gefüllt ist. Es sollen aber keine Erbsen hinausfallen. Zum Vergleich bleibt der andere Becherinhalt trocken.
3. Beobachten Sie in den nächsten Stunden gemeinsam die beiden Becher. Können Sie etwas hören?

EXPERIMENTIEREN
Materialien: Tablett, Alufolie, 2 Plastikbecher, getrocknete Erbsen, Wasser;

1 Forscher
1 Forscherassistent

DAS PASSIERT!
Nach einiger Zeit werden Sie ein Knistern vernehmen. Einige der Erbsen sind aus dem Becher und auf die Alufolie gefallen. Aus welchem Becher sind sie gefallen?

FORSCHERWISSEN:
Die Erbsen fallen aus dem Becher, der mit Wasser begossen wurde. Die getrockneten Erbsen quellen im Wasser auf und werden größer. Dadurch wird es irgendwann zu eng im Becher und die obersten Erbsen fallen heraus. In der Natur warten die meisten Samen auf Feuchtigkeit, bevor sie mit dem Wachsen und Keimen beginnen. Nur mit Wasser kann der Keimling überleben und wachsen.

Pflanzen: Ab ins Grüne

Was trinken Pflanzen?

EXPERIMENTIEREN UND BEOBACHTEN

Materialien: 2 Untertassen, Watte, Wasser, Zitronensaft, Esslöffel, 2 Marmeladengläser, Kressesamen;

1–4 Forscher
1 Forscherassistent

In Kapitel zwei hat Ihr Kind bereits Kresse angepflanzt und ein leckeres Kressebrot gegessen. Bei jenem Experiment wurde die Kresse mit Wasser gegossen. Wird dieser Versuch auch mit einer anderen Flüssigkeit, wie z. B. Zitronensaft, funktionieren? Lassen Sie Ihr Kind vor dem Versuch ein wenig Zitronensaft und im Vergleich dazu etwas Wasser probieren. Besprechen Sie die Gemeinsamkeiten und die Unterschiede: Zitronensaft und Wasser sind beides Flüssigkeiten, jedoch schmeckt der Saft der Zitrone sauer.

SO GEHTS:

1. Legen Sie gemeinsam etwas Watte auf die beiden Untertassen.
2. Beträufeln Sie einen der Wattebäusche mit etwas Wasser und den anderen mit etwas Zitronensaft.
3. Streuen Sie Kressesamen auf beide Wattebäusche und stülpen Sie auf die Untertassen je ein Marmeladenglas.
4. Stellen Sie die kleinen Teller nun an einen warmen Ort – am besten auf eine Fensterbank.

Was kannst du beobachten?

DAS PASSIERT!

Auf der mit Wasser besprengten Watte keimen die Samen aus. Im Unterschied dazu kann man auf der mit Zitronensaft getränkten Watte nichts erkennen.

FORSCHERWISSEN:

Die Samen nehmen die beiden Flüssigkeiten Wasser und Zitronensaft auf, jedoch verhindert der saure Saft, dass die Samen keimen. Pflanzen benötigen zum Wachsen nur Wasser.

3–4 Jahre

Sind Bohnensamen lebendig?

Samen haben erstaunliche Fähigkeiten, die man ihnen von außen gar nicht ansieht. Mit diesem Experiment kann man Kinder zum Staunen bringen.

SO GEHTS:

1. Rühren Sie gemeinsam in einer Schüssel den Gips mit Wasser an, bis ein dicker Brei entsteht, der sich noch gießen lässt.
2. Füllen Sie den Gipsbrei in einen leeren Becher.
3. Mit dem Finger kann Ihr Kind nun eine Handvoll getrockneter Bohnen in den Gips drücken, bis man sie nicht mehr sehen kann. Anschließend lassen Sie den Gips trocknen.
4. Gießen Sie den getrockneten Gips jeden Tag ein wenig und beobachten Sie zusammen mit Ihrem Kind, was passiert.

EXPERIMENTIEREN UND BEOBACHTEN

Materialien: getrocknete Bohnen, alte Schüssel zum Anrühren von Gips, leerer Joghurtbecher, Wasser, Gips (Baumarkt), Löffel;

1–6 Forscher
1 Forscherassistent

DAS PASSIERT!

Nach ein paar Tagen werden Sie feststellen, dass der Gips Risse bekommen hat. Vielleicht ist sogar der Becher geplatzt!

FORSCHERWISSEN:

Samen sind „kleine Pflanzen im Ruhestand", die, wenn ihnen Wasser zugefügt wird, quellen und mit enormer Kraft zu keimen und zu wachsen beginnen. Der Druck der keimenden Samen wird so groß, dass der Gips Risse bekommt. Jetzt kann der Keimling zum Licht wachsen.

Wetter: Regenschirm oder Sonnenhut

Eine Regenbogendusche

AUSPROBIEREN UND SPIELEN

Materialien: Rasensprenger oder Gartenschlauch, warmes Wetter und Sonnenschein;

1 Forscher
1 Forscherassistent

Ich bin auch regenbogenbunt!

SO GEHTS:
Lassen Sie das Wasser ganz fein aus dem Rasensprenger oder Gartenschlauch herausspritzen. Achten Sie darauf, dass Sie die Sonne im Rücken haben und das Wasser vor sich nach oben spritzen.

DAS PASSIERT!
Man sieht einen kleinen Regenbogen. Wer mutig ist, rennt durch die „Wasserwand" und versucht, den Regenbogen zu „fangen".

FORSCHERWISSEN:
Das Licht der Sonne erscheint weiß. In Wirklichkeit besteht es aber aus vielen Farben. Die einzelnen Farben kann man erkennen, wenn die Sonnenstrahlen durch Wassertröpfchen scheinen. Durch die kugelförmigen, durchsichtigen Tropfen wird das weiße Licht in die Farben Rot, Orange, Gelb, Grün, Blau, Indigo und Violett zerlegt und zurückgespiegelt. Es sind immer diese Farben in der gleichen Reihenfolge.

Zeigen und erklären Sie Ihrem Kind, wie ein „großer" Regenbogen in der Natur entsteht. Stellen Sie sich bei abklingendem Regen mit Ihrem Kind so hin, dass Ihnen die Sonne den Rücken wärmt. Sicherlich wird bald vor den dunklen Regenwolken ein Regenbogen sichtbar werden.

VARIANTE: Ein kleiner Regenbogen lässt sich auch an den Wasserfontänen eines Springbrunnens beobachten – Sonnenschein vorausgesetzt!

3–4 Jahre

Es regnet im Bad!

SO GEHTS:
1. Schließen Sie im Badezimmer die Tür und das Fenster und drehen Sie den Wasserhahn in der Badewanne weit auf. Lassen Sie heißes Wasser herauslaufen. Verbrühen Sie sich nicht!
2. Beobachten Sie nun zusammen mit Ihrem Kind den Spiegel, die Armaturen, das Fenster und die Kacheln an der Wand.

DAS PASSIERT!
Nach kurzer Zeit beschlägt der Spiegel. Dann entstehen Tropfen, die größer werden und am Spiegel hinuntergleiten: Es „regnet".

FORSCHERWISSEN:
Ein Teil des heißen Wassers verdampft. Trifft dieser heiße Dampf auf den kälteren Spiegel, entstehen kleine Tröpfchen, weil dort der gasförmige Dampf kondensiert, d. h. er wird wieder flüssig. Die Tropfen werden bald so groß und schwer, dass sie nach unten rinnen. Hier passiert das Gleiche wie in der Natur, wenn Wasserdampf auf kältere Luft stößt und der Dampf zu Wolken kondensiert. Verbinden sich dann darin viele Tröpfchen zu großen Tropfen, fallen sie runter.

BEOBACHTEN
Materialien: heißes Wasser (Dusche oder Badewanne), Spiegel oder Fenster;

1–3 Forscher
1 Forscherassistent

Der Wassertropfen

Ein Wassertropfen hängt am Spiegel dran
und klammert sich mit Kräften an.
Dann werdens viele und jeder denkt bei sich:
„Bloß nicht fließen, noch hänge ich.
Ich will mich nicht ergießen, das Wasser soll ohne mich fließen.
Ich halt mich einfach fest – so lange man mich lässt."
Doch plötzlich wird es gar zu schwer,
der Tropfen fällt, er hängt nicht mehr.
Zum Glück, er ist ja nicht allein,
zusammen soll es Regen sein.

(Monika Diemer)

SPRECHVERS

2 Mitspieler

Wetter: Regenschirm oder Sonnenhut

WAHRNEHMEN

2–8 Mitspieler
(gerade Anzahl)
1 Spielleiter

Eine kleine Wettermassage

SO GEHTS:

Jeweils zwei Mitspieler bilden ein Paar. Einer legt sich auf den Bauch, der andere „massiert" seinen Rücken, später wird getauscht. Der Spielleiter erzählt eine Wettergeschichte.

Heute ist ein warmer Sommertag, der Himmel ist blau, kein Wölkchen ist zu sehen, und die Sonne strahlt hell und wärmt uns.

Das Kind streicht mit den Händen über den Rücken des anderen Kindes.

Später zieht am Himmel eine Wolke auf, und noch eine, und noch eine.

Mit der flachen Hand drückt das Kind auf verschiedene Stellen des Rückens.

Ein starker Wind bläst plötzlich über das Land.

Kreisförmig und schwungvoll streichen die Hände über den Rücken.

Es blitzt und donnert.

Beim „Blitz" fährt das Kind kurz mehrmals mit einem Finger über den Rücken. „Donnert" es, schlägt es leicht mit der flachen Hand darauf.

Dann fängt es sehr kräftig an zu regnen. Da! Es hagelt sogar!

Die Finger trommeln kräftig auf den Rücken. Bei „Hagel" klopft das Kind sanft mit seinen Fäusten.

Bald wird der Regen schwächer, kleine Tropfen nieseln herab, die Sonne lugt hervor und ein Regenbogen leuchtet bunt.

Die Finger tanzen ganz zart über den Rücken, und mit der flachen Hand werden im Bogen die „Tropfen" weggestrichen.

3–4 Jahre

Eine Sonnenkartoffel

Lassen Sie im Sommer doch einmal eine Kartoffel allein durch Sonnenwärme gar werden. Es klappt!

SO GEHTS:

1. Legen Sie den Korb mit Alufolie aus. Die glänzende Seite zeigt dabei nach oben. Streichen Sie zuvor die Folie sehr glatt.
2. Befestigen Sie die Kartoffel auf der Nadel, indem Sie diese von unten durch den Korbboden in die Kartoffel stecken.
3. Stellen Sie den Korb nun so, dass die pralle Mittagssonne immer senkrecht auf die Kartoffel scheint. Am besten legen Sie den Korb schräg auf einen größeren Stein. Jetzt muss man geduldig sein und aufpassen, dass die Kartoffel nicht verrutscht. Richten Sie den Korb immer wieder nach der Sonne aus.

DAS PASSIERT!

Die Kartoffel erwärmt sich. Ihre Haut wird dabei etwas schrumpelig.

FORSCHERWISSEN:

Die Sonnenstrahlen gelangen in den Korb und werden von der Alufolie reflektiert. Da der Korbboden wie ein Hohlspiegel geformt ist, sammeln sich die Sonnenstrahlen mitten im Korb. Dadurch wird es dort so warm wie in einem Ofen. Die Kartoffel wird in diesem „Sonnenofen" nun erhitzt. Scheint die Sonne stark genug, ist sie je nach Größe des Korbes, der Glätte der Folie und der Stärke der Sonneneinstrahlung nach zwanzig bis dreißig Minuten gar.

EXPERIMENTIEREN UND BEOBACHTEN

Materialien: Henkelkorb mit leicht gerundetem Boden, Alufolie, kleine Kartoffel, Nadel, Sonnenlicht;

1–2 Forscher
1 Forscherassistent

Ich mag Sonnenblumenkerne aber doch lieber.

Elemente: Erde, Wasser, Luft und Feuer

Welcher Ball hüpft besser?

AUSPROBIEREN UND SPIELEN

Materialien: prall aufgepumpter Ball, platter Ball;

2–6 Mitspieler

SO GEHTS:
Die Kinder spielen mit einem prallen und einem schlaffen Ball.

DAS PASSIERT!
Der prall gefüllte Ball springt in die Höhe, der Ball mit wenig Luft wird zerbeult und bleibt schlaff liegen, ohne zuvor gesprungen zu sein.

FORSCHERWISSEN:
Ein Ball kann deswegen wieder in die Höhe springen, weil er elastisch ist. Diese Elastizität bekommt er, weil er prall mit Luft gefüllt ist. Der platte Ball ist ein plastischer Körper. Er verformt sich beim Aufprall und behält diese Form. Darum springt er nicht wieder hoch.

Lustige Luftwiese

AUSPROBIEREN UND SPIELEN

Materialien: etwa 10 Luftballons, Kissenbezug;

2–3 Mitspieler
1 Assistent

SO GEHTS:
Pusten Sie die Luftballons auf (nicht zu prall!) und stopfen Sie diese dicht an dicht in den Kissenbezug. Knöpfen Sie dann den Bezug zu.

DAS PASSIERT!
Auf dieser Luftwiese kann man prima turnen – ohne dass ein Ballon platzt!

FORSCHERWISSEN:
Die Luftballons werden durch den Bezug fest zusammengehalten. Ein einzelner Ballon würde durch das Gewicht von nur einem Kind platzen. Durch den engen Bezug verteilt sich der Druck, der durch das Gewicht der Kinder entsteht, gleichmäßig auf alle Ballons. Dadurch dehnt sich kein Ballon soweit aus, dass er platzt.

3–4 Jahre

Eine kleine Filteranlage

SO GEHTS:
1. Füllen Sie schmutziges Wasser ab (z. B. aus einer Pfütze) oder stellen Sie es selbst her, indem Sie Wasser mit Erde mischen.
2. Legen Sie eine Schicht Watte in den Trichter, platzieren Sie darüber eine Filtertüte und stellen Sie den Trichter auf ein Glas.
3. Schütten Sie die Hälfte des Schmutzwassers durch den Filter und beobachten Sie, wie das Wasser in das Glas läuft. Was sammelt sich in der Filtertüte, was auf der Watte? Die andere Hälfte des Wassers bewahren Sie auf, um die beiden Proben später vergleichen zu können.
4. Lassen Sie das gefilterte Wasser mehrmals durch den Filter fließen.

DAS PASSIERT!
Das Wasser sickert durch das Filterpapier und die Watte in das Glas. Je öfter dieser Vorgang wiederholt wird, desto klarer wird es. Die beiden Wasserproben zeigen, dass das Wasser durch das Filtern sauberer geworden ist.

FORSCHERWISSEN:
Mithilfe der Filteranlage wird das Schmutzwasser gereinigt. Grober Sand, Erde oder Pflanzenteile werden vom Filterpapier und von der Watte zurückgehalten, das Wasser kann aber hindurchfließen.

Genau wie in dieser kleinen Filteranlage wird im Boden unser Grundwasser gefiltert: Statt Watte und Filterpapier reinigen die verschiedenen Erdschichten des Bodens das Regenwasser. Es sammelt sich auf wasserundurchlässigen Schichten und kann über Brunnen an die Oberfläche gepumpt werden. Meist wird es in Wasserwerken weiter gereinigt, bevor es als Trinkwasser genutzt wird.

EXPERIMENTIEREN UND BEOBACHTEN
Materialien: Flasche zum Auffangen des Schmutzwassers, evtl. Erde, Trichter oder Blumentopf mit Loch, Glas, Watte, Filtertüten;

1–2 Forscher,
1 Forscherassistent

Elemente: Erde, Wasser, Luft und Feuer

Woraus besteht die Erde?

EXPERIMENTIEREN UND BEOBACHTEN

Materialien: Einmachglas, Wasser, Stab zum Rühren, Erde;

1–2 Forscher
1 Forscherassistent

SO GEHTS:
1. Schütten Sie die Erde auf eine saubere Unterlage und schauen Sie gemeinsam mit Ihrem Kind, was es da alles zu entdecken gibt.
2. Das Einmachglas wird zu einem Viertel mit Erde gefüllt und anschließend mit Wasser aufgefüllt.
3. Nun verrühren Sie das Erde-Wasser-Gemisch kräftig mit dem Stab, sodass die Erde aufgewirbelt wird.
4. Lassen Sie dann das Glas – am besten über Nacht – stehen.

DAS PASSIERT!
In der Erde kann man unterschiedliche Dinge sehen, wie z. B. Steinchen, Fasern, Pflanzenteile, Zweige und vielleicht auch Tierchen.
Im Glas sind verschiedene Erdschichten zu erkennen, die sich in ihrer Farbe und Beschaffenheit unterscheiden. Sie haben sich über Nacht voneinander getrennt. Auf dem Wasser schwimmen z. B. Pflanzenteile.

FORSCHERWISSEN:
Viele Bodensorten sind ganz unterschiedlich beschaffen. Sandboden ist leicht, Lehmboden fruchtbar und Tonboden schwer. Die verschiedenen Bestandteile der Erde vermischen sich beim Umrühren in dem Einmachglas zunächst mit dem Wasser. Dann sinken sie über Nacht zu Boden. Da sie unterschiedlich schwer sind, trennen sich die Bestandteile. Die schwere Erde sammelt sich unten und die leichteren Bestandteile weiter oben. Die verschiedenen Schichten kann man im Glas gut erkennen.

Ich flieg jetzt zu Seite 77, da wird das Wasser wieder sauber gemacht!

3–4 Jahre

Trocken oder nass?

Untersuchen Sie, ob Luft und Wasser durch Stoff gelangen oder nicht.

SO GEHTS:

1. Pressen Sie den Stoff vor die Lippen und pusten Sie kräftig.
2. Füllen Sie das Glas bis zum Rand mit Wasser.
3. Nun spannt der Forscher mit Ihrer Hilfe das Stück Stoff ganz stramm über die Öffnung des Glases und befestigt es mit einem Gummiring.
4. Drehen Sie jetzt das Glas um. Am besten machen Sie dies über der Spüle, falls der Stoff nicht fest genug ist.

EXPERIMENTIEREN

Materialien: Glas kaltes Wasser, Baumwolltuch, das größer ist als der Durchmesser des Glases (z. B. Stoffserviette) oder Perlonstrumpf, mehrere dickere Gummibänder;

1 Forscher
1 Forscherassistent

DAS PASSIERT!

Die durch den Stoff gepustete Luft kann man spüren. Beim Umdrehen des Glases sickert etwas Wasser durch den Stoff. Das meiste Wasser bleibt aber im Glas. Nachdem der Stoff ganz feucht geworden ist, tropft es nicht mehr.

FORSCHERWISSEN:

Im Gegensatz zu einer Plastikfolie ist Stoff durchlässig, deshalb kann man hindurchpusten. Zunächst lässt der Stoff auch Wasser durchsickern. Sobald der Stoff feucht geworden ist, befindet sich das Wasser in den winzigen Hohlräumen des Stoffes (durch die zuvor die Atemluft strömen konnte) und bildet eine dünne, aber feste Haut. Diese Haut entsteht durch die Oberflächenspannung des Wassers und verhindert, dass das restliche Wasser durch den Stoff gelangt.
Aus diesem Grund bleiben wir auch unter Regenschirmen oder in Zelten trocken! Diese Stoffe sind zusätzlich noch imprägniert, d. h. ein Mittel setzt sich in die kleinen Zwischenräume und lässt kein Wasser durchsickern.

Elemente: Erde, Wasser, Luft und Feuer

Glasmusik

KLANGSPIEL

Materialien: mehrere dünn geschliffene Weingläser, Wasser, Löffel;

3–4 Forscher
1 Forscherassistent

SO GEHTS:

1. Befeuchten Sie einen Finger und den Glasrand mit Wasser. Reiben Sie mit dem Finger leicht über den Glasrand.
2. Anschließend befüllen Sie die Gläser mit unterschiedlich viel Wasser und reiben erneut über den Rand der Gläser. Achten Sie darauf, dass Ihre Finger sauber und seifenfrei sind.

DAS PASSIERT!

Wenn man den „Dreh raus hat", erklingt ein Ton. Die Tonhöhe verändert sich, wenn mehr oder weniger Wasser in den Gläsern ist.

Wo bleibt der Ton?

FORSCHERWISSEN:

Durch das Reiben der Finger wird Luft zum Schwingen gebracht. Diese Schwingung kann man nicht sehen, aber als Ton hören und am Finger spüren. Je mehr Wasser im Glas ist, desto tiefer wird der Ton. Ist das Glas leer, erklingt beim Reiben ein hoher Ton.

VARIANTE: Mithilfe eines Löffels, der ganz leicht an die Gläser geschlagen wird, und durch Aus- bzw. Hinzuschütten von Wasser können die Gläser „gestimmt" werden. So lässt sich eine Klangfolge wie bei einer Tonleiter erzeugen oder sogar eine kurze Melodie spielen.

Dem Feuer geht die Luft aus

Zeigen Sie Ihrem Kind, dass Feuer zum Brennen Sauerstoff braucht.

SO GEHTS:
1. Zünden Sie eine Kerze an.
2. Stülpen Sie unterschiedlich große Gläser über die Kerze.
3. Was geschieht, wenn zwei Kerzen unter einem Glas stehen?

DAS PASSIERT!
Unter dem Glas erlischt kurze Zeit später die Flamme. Im großen Glas brennt die Flamme länger. Zwei brennende Kerzen gehen schneller aus als eine.

FORSCHERWISSEN:
Luft besteht aus diversen Bestandteilen. Davon ist Sauerstoff besonders wichtig, denn wir Menschen könnten ohne ihn nicht leben.
Im Glas befindet sich Luft. Zum Brennen verbraucht die Kerze Sauerstoff. Wenn nun im Glas nicht mehr genügend Sauerstoff vorhanden ist, erlischt die Flamme. Je größer das Glas ist, desto mehr Sauerstoff steht der Flamme zur Verfügung, und sie brennt länger. Zwei Kerzen verbrauchen mehr Sauerstoff, daher gehen sie unter dem Glas schneller aus.

3–4 Jahre

EXPERIMENTIEREN UND BEOBACHTEN

Materialien: 3–4 Stumpenkerzen, feuerfeste Unterlagen, unterschiedlich große, dickwandige Gläser (stets größer als die Kerzen), Streichhölzer oder Stabfeuerzeug;

3–4 Forscher
1 Forscherassistent

Jetzt geht mir ein Licht auf!

Tiere: Winzig klein und riesengroß

SPIELEN

5–10 Mitspieler

Tierpantomime

Ein Kind überlegt sich ein Tier, das es darstellen möchte. Die anderen Kinder müssen das Tier erraten. Wer richtig geraten hat, darf die nächste Pantomime vorführen.

VARIANTE: Es liegt ein Stapel mit verdeckten Tierbildern auf dem Tisch (z. B. von einem Memospiel). Das Kind, das an der Reihe ist, deckt die oberste Karte auf und stellt nun das abgebildete Tier dar.

Scherzfragen

RÄTSEL

2–6 Mitspieler

Kennst du die Antworten?

Welcher Kater kann nicht miauen?
Der Muskelkater.

Welches Pferd frisst keinen Hafer?
Das Seepferdchen.

Wer kommt schon grauhaarig zur Welt?
Der Esel.

3–4 Jahre

Regenwürmer in der Erde

SO GEHTS:

1. Bedecken Sie den Boden des Glases mit Kieselsteinen. Geben Sie dann viel feuchte Erde hinein und legen Sie Gras vermischt mit Blättern darüber.
2. Suchen Sie im Kompost oder in der Erde nach Regenwürmern. Bei starken Schauern kommen sie auch direkt an die Erdoberfläche, da ihre unterirdischen Gänge unter Wasser stehen.
3. Legen Sie die Regenwürmer ins Glas und stellen Sie dieses an einen schattigen Platz. Decken Sie das Glas mit einem Tuch ab, damit Schatten und Feuchtigkeit erhalten bleiben. Die Erde sollte stets feucht sein.
4. Ihr Kind kann die Würmer nun täglich mit ein wenig Gras und Blättern, Obst- oder Gemüseresten füttern. Auf Dauer wird es den Regenwürmern im Glas aber zu eng. Entlassen Sie sie bald wieder in die Freiheit.

DAS PASSIERT!

Die Würmer bohren Gänge und lockern die Erde dadurch auf. Die Gänge lassen sich schon nach kurzer Zeit gut durch das Glas erkennen.

SAMMELN UND BEOBACHTEN

Materialien: Einmachglas oder kleines, altes Aquarium, Kieselsteine, Erde, Gras, Blätter, Pflanzen-, Obst- und Gemüsereste, 2–3 Regenwürmer;

1–4 Forscher
1 Forscherassistent

FORSCHERWISSEN:

Regenwürmer fressen sich durch den Boden. Pflanzenreste werden dabei verdaut und der Rest an der Erdoberfläche ausgeschieden. Regenwürmer haben keine Nasen, Augen und Ohren, sie können aber trotzdem wahrnehmen, ob es hell oder dunkel ist, weil ihr Tastsinn gut ausgebildet ist. Bekanntlich haben Regenwürmer auch keine Arme und Beine. Sie schieben sich mit ihrem muskulösen Körper durch den Boden. Kleine Borsten verhindern, dass sie wieder zurückrutschen. Damit sie unterirdisch noch besser kriechen können, befestigen sie ihre Gänge oft noch mit Schleim. Biologen nennen diese feste Wand auch „Tapete".

Tiere: Winzig klein und riesengroß

Tierspuren

BEOBACHTEN

1–4 Forscher
1 Forscherassistent

Machen Sie sich mit Ihrem Kind auf Spurensuche. Besonders gut kann man Tierspuren natürlich im frischen Schnee entdecken. Aber auch auf etwas matschigem Boden finden sich manche Abdrücke. Lassen Sie Ihr Kind die Spuren vergleichen. Welche sehen sich ähnlich? Kann man erkennen, ob es das Tier eilig hatte oder langsam unterwegs war? Überlegen Sie gemeinsam, wie groß das Tier wohl ist. Hat es zwei Beine oder vier?

Tiere sortieren

BASTELN UND SPIELEN

Material: dünne Pappe, Zeitungen, Zeitschriften oder Prospekte, Schere, Klebstoff;

4–6 Mitspieler

Schneiden Sie etwa 25 gleich große Kärtchen aus dünner Pappe aus. Kleben Sie gemeinsam mit Ihrem Kind verschiedene Tierfotos oder Tierabbildungen aus Zeitschriften oder Prospekten darauf.
Am besten setzen sich die Mitspieler nun an einen (runden) Tisch. Jeder bekommt vier Kärtchen, die er mit der Bildseite nach unten vor sich legt.
Es geht der Reihe nach, und der jüngste Spieler beginnt. Er nennt eine Eigenschaft, wie z. B. „Das Tier kann fliegen" oder „Das Tier hat vier Beine". Nacheinander legen nun alle anderen die dazu passenden Kärtchen in die Mitte. Wer ein falsches Tierkärtchen legt, muss alle umgedrehten Kärtchen nehmen. Gewonnen hat, wer zuerst alle Karten abgelegt hat.

3–4 Jahre

Woher kommt der Frosch?

Wenn in Ihrer Nähe ein Teich oder ein kleiner See ist, wohnen dort möglicherweise auch Amphibien, wie z. B. Frösche.

SO GEHTS:
Im frühen Sommer kann man dort beobachten, wie sich aus den Kaulquappen nach und nach die kleinen Frösche entwickeln. Wenn Sie die ersten zappelnden Kaulquappen entdeckt haben, können Sie beinahe täglich ihre weitere Entwicklung verfolgen.

FORSCHERWISSEN:
Frösche können an Land und im Wasser leben. Es dauert ungefähr elf Wochen, bis sich ein Frosch entwickelt hat: Die Froschweibchen legen Froschlaich ab, das sind Tausende von kleinen Eiern. Nach etwa zwei Wochen schlüpfen die kleinen, flinken Kaulquappen, die – wie Fische – im Wasser leben und über Kiemen atmen. Allmählich wachsen den Kaulquappen Hinter- und Vorderbeine. Nach etwa drei Monaten verlässt der kleine Jungfrosch das Wasser und beginnt Luft zu atmen. Er kann nun auch an Land leben, da sich seine Lungen entwickelt haben. Der Schwanz, der ihm als Kaulquappe zur Fortbewegung gedient hat, wird immer kleiner und ist bald ganz verschwunden. Aus der Kaulquappe ist ein Frosch geworden.

BEOBACHTEN

1–3 Forscher
1 Forscherassistent

Tiere: Winzig klein und riesengroß

Ameisenstraße

BEOBACHTEN

Materialien: großes Stück Papier, mehrere Zuckerstückchen, Kekse zum Zerkrümeln, kleine Wasserflasche;

1–4 Forscher
1 Forscherassistent

SO GEHTS:

Halten Sie bei Ihrem nächsten Waldspaziergang nach einer Ameisenstraße oder einem Ameisenbau Ausschau. Sind Sie fündig geworden? Dann können die Kinder jetzt die Zuckerstückchen anfeuchten und damit z. B. eine Schlangenlinie auf das Papier malen und die Kekse darüber krümeln.
Legen Sie nun das Papier in die Nähe der Ameisen und beschweren Sie es am Rand mit kleinen Steinen. Man kann das Papier auch mit spitzen Ästen in den Boden piksen. Halten Sie ein bisschen Abstand zum „Zuckerpapier", denn die Bisse mancher Ameisenarten sind nicht angenehm.

DAS PASSIERT!

Kurze Zeit später haben die Ameisen die leckere Zuckerspur entdeckt. Jetzt ziehen sie ihre Bahnen entlang der vorgezeichneten Linie, sammeln das Futter auf und bringen es zu ihrem Bau.

FORSCHERWISSEN:

Ameisen leben in einem Staat zusammen, der von vielen Ameisen gebildet wird, wie der Königin, den Arbeiterinnen und den Männchen.
Ameisen fressen kleine Tiere, mögen aber auch Früchte, Nektar und – Zucker. Hat eine Arbeiterin die Zuckerstraße gefunden, dann läuft sie zurück zum Bau. Dabei hinterlässt sie eine Spur, die die anderen Arbeiterinnen riechen können. So finden sie den Weg zum Zucker. Es bildet sich eine Ameisenstraße, auf der sie das gefundene Fressen nach Hause transportieren. Größere Kekskrümel sind dabei auch kein Problem für die Insekten, denn sie können das Vielfache ihres Körpergewichts tragen.

3–4 Jahre

Wie schläft Konrad?

Lesen Sie Ihrem Kind die Geschichte vor und überlegen Sie dann gemeinsam, wie verschiedene Tiere im Unterschied zu uns Menschen schlafen. In Tierbüchern oder im Zoo finden Sie Antworten.

VORLESEN
UND
ERKUNDEN

2–6 Mitspieler

„Nein, nein, ich will noch nicht ins Bett!" Marie ist überhaupt noch nicht müde. Aber Mama lässt sich nicht erweichen. „Es ist schon spät, du musst morgen früh aufstehen und zur Schule gehen." Jonas hat sich auf das Sofa gekuschelt und ist fast eingeschlafen. Lena träumt schon in ihrem Bett. Da fällt Marie noch etwas ein: „Und was ist mit Konrad, schläft der denn schon?" Ganz vorsichtig hebt Papa die Decke an Konrads Käfig hoch. Konrad sitzt mit einem Bein auf seiner Stange. Seinen Kopf hat er nach hinten gedreht und in sein Federkleid gesteckt. Er schläft.

„So, jetzt aber wirklich ab ins Bett", erklärt Papa. Da hat Marie noch eine Frage: „Warum fällt Konrad eigentlich beim Schlafen nicht von der Stange?" Und schon ist Jonas hellwach: „Der klebt sich mit Spucke fest." Mama lacht. „Na ja, so einfach ist das nicht. Wenn wir schlafen, entspannen sich unsere Muskeln. Wir könnten uns nicht mehr an einer Stange festhalten. Bei den Vögeln schließen sich die Krallen automatisch um den Ast. Das funktioniert so ähnlich wie bei einer Wäscheklammer. Wenn die Vögel ihre Krallen wieder öffnen wollen, müssen sie sich richtig anstrengen. Und das geht nur, wenn sie wach sind."

Mama hat eine Wäscheklammer geholt und klemmt sie an Maries Pullover. Marie muss ganz kräftig drücken, damit sie die Wäscheklammer von ihrem Pullover lösen kann. „Ist gar nicht so einfach", meint sie und gähnt. „So, jetzt aber wirklich ins Bett!", rufen Mama und Papa gemeinsam.

(Ute Diehl)

Farben: Ganz schön bunt

Kartoffeldruck

BASTELN

Materialien: große Kartoffeln, Ausstechformen, Messer, Farben, Pinsel, Papier oder Tonpapier;

1–4 Forscher
1 Forscherassistent

SO GEHTS:

1. Halbieren Sie mehrere große Kartoffeln. Drücken Sie dann Ausstechformen fest in die Mitte der Hälften. Verwenden Sie diverse Formen.
2. Schneiden Sie mit einem scharfen Messer vom Kartoffelrand sorgfältig bis zur Form. Jetzt lösen Sie vorsichtig die Form von der Kartoffel.
3. Trocknen Sie die Stempelflächen mit einem Tuch.
4. Ihr Kind kann nun die Stempel mit verschiedenen Farben einpinseln. Am besten beginnt es mit hellen Farben, dann schimmern bei einem Wechsel der Farben die vorherigen Nuancen nicht durch. Ratsam ist es, erst einmal Probedrucke auf Zeitungspapier anzufertigen. Und dann können ganz unterschiedliche Kunstwerke gedruckt werden, wie z. B. Geschenkpapier, Einladungs- oder Geburtstagskarten.

Farben wegzaubern

EXPERIMENTIEREN UND BEOBACHTEN

Materialien: Wasser, Wasserfarben, Pinsel, Papier, Salz;

1–4 Forscher
1 Forscherassistent

SO GEHTS:

Großflächig wird ein Papier mit Wasserfarben bemalt. Es sollte dabei viel Wasser verwendet werden. Nun wird Salz über das nasse Bild gestreut, entweder wild durcheinander oder in kleinen Reihen oder Kreisen.

DAS PASSIERT!

Schon nach kurzer Zeit entstehen an den salzigen Stellen des bunten Bildes weiße Flecken. Nun kann man die Salzreste wegpusten oder abschütteln.

FORSCHERWISSEN:

Weil das Salz nicht nur das Wasser, sondern auch die Farbe aufsaugt, bilden sich die weißen Flecken auf dem bunten Untergrund.

3–4 Jahre

Viele bunte Farben

Hier werden aus selbst gemalten Mustern plötzlich ganz neue Kunstwerke.

SO GEHTS:

1. Aus dem Filterpapier schneiden Sie einen Kreis, der um einiges größer ist als der Durchmesser des Wasserglases. Schneiden Sie in die Mitte des Kreises dann ein kleines Kreuz oder Loch.
2. Jetzt malt Ihr Kind mit den Filzstiften verschiedenfarbige Kreise oder Muster auf das Filterpapier.
3. Stecken Sie ein eng zusammengerolltes Filterpapier durch das Loch des Papierkreises.
4. Legen Sie nun den Kreis so auf den mit Wasser gefüllten Becher, dass das Papierröllchen etwa zu einem Drittel im Wasser steht.

DAS PASSIERT!

Das Filterpapier wird nass. Nach und nach verändern sich die Farben und Muster auf dem zuvor bemalten Papierkreis.

FORSCHERWISSEN:

Zunächst saugt das Papierröllchen das Wasser auf. Wenn das oben angekommen ist, wird das runde Filterpapier dann allmählich – von der Mitte ausgehend – nass. Dadurch verlaufen die Farben. Allerdings geschieht dies nicht gleichmäßig, weil die Wasserzufuhr im Kreisinneren beginnt und die Feuchtigkeit nur langsam ihren Weg nach außen findet.

TIPP: Aus diesen bunten Bildern können z. B. Blüten oder Schmetterlinge gebastelt werden. Aus mehreren „Filterpapier-Kunstwerken" lassen sich auch bunte Collagen erstellen. Der Fantasie sind keine Grenzen gesetzt!

BASTELN UND BEOBACHTEN

Materialien: mindestens 2 weiße Filtertüten, Glas, Wasser, Filzstifte, Schere;

1–4 Forscher
1 Forscherassistent

Meinen bunten Federn macht Wasser nichts aus!

Farben: Ganz schön bunt

Farbenmacher

EXPERIMENTIEREN UND BEOBACHTEN

Jeweils 1–4 Forscher
1 Forscherassistent

Materialien: Speiseöl, Ketchup, Saft, Senf, verschließbare Dosen oder Gläser;

Möchten Sie verschiedene Farben einmal selbst herstellen? Dadurch lernt Ihr Kind viele farbgebende Elemente in Haus und Garten kennen.

Farben aus der Küche: Auch aus Lebensmitteln lassen sich Farben gewinnen, z. B. aus Säften (etwa Kirsch- oder Rote Bete-Saft) Ketchup oder Senf. Dazu werden nur kleine Mengen benötigt, die man ebenfalls mit etwas Pflanzenöl verrührt, bis die Masse sich leicht mit dem Pinsel auf dem Papier verteilen lässt. Kunstwerke mit diesen „Lebensmittelfarben" haben eine begrenzte Lebensdauer, weil sie irgendwann ihr Haltbarkeitsdatum überschreiten. In einer verschließbaren Dose im Kühlschrank halten sich die Farben etwa zwei Wochen.

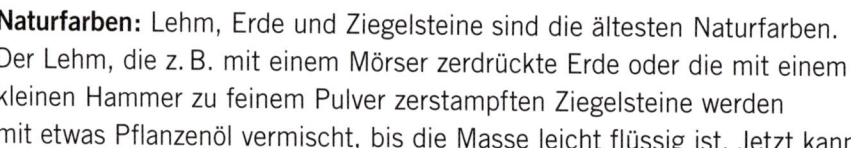

Materialien: 1–2 Esslöffel Lehm, Erde, kleinere Ziegelstein-Brocken, Mörser oder kleiner Hammer, Speiseöl, verschließbare Dosen oder Gläser;

Naturfarben: Lehm, Erde und Ziegelsteine sind die ältesten Naturfarben. Der Lehm, die z. B. mit einem Mörser zerdrückte Erde oder die mit einem kleinen Hammer zu feinem Pulver zerstampften Ziegelsteine werden mit etwas Pflanzenöl vermischt, bis die Masse leicht flüssig ist. Jetzt kann man diese Naturfarben mit den Händen, aber auch mit dicken Pinseln oder Stöcken auf Papier oder Pappe auftragen.

Materialien: ca. 100 ml Wasser, 5 Esslöffel Mehl, mehrere Schälchen, einige Tropfen Lebensmittelfarbe, verschließbare Dosen oder Gläser;

Fingerfarben: Mischen Sie das Wasser mit dem Mehl, verteilen Sie die Masse dann auf zwei bis vier Schälchen und geben Sie jeweils so viel Lebensmittelfarbe dazu, bis der gewünschte Farbton erreicht ist. Lassen Sie die Kinder malen und ihre Kunstwerke dann über Nacht trocknen.

3–4 Jahre

Bunte Eier: Auch Ostereierfarben lassen sich selbst herstellen. Diese Farben sind dann zwar nicht so leuchtend bunt wie die industriell gefertigten, dafür aber natürlichen Ursprungs!
Und das sind die Lieferanten für die verschiedenen Farbtöne: Frischer Rotkohl färbt die Eier violett, Malventee macht sie rot, Zwiebelschalen oder Schwarztee sorgen für einen warmen Braunton, mit Holunderbeeren werden sie blau, frischer Spinat, Petersilie oder Brennnesseln machen die Eier grün, mit Safran oder – viel günstigeren – Kamillenblüten werden sie gelb.

Materialien (für 5 Eier): 1 l Wasser, etwas Essig, je ca. 250 g frischer Rotkohl, Zwiebelschalen, getrocknete Holunderbeeren, Petersilie, Brennnesseln, frischer Spinat, einige Esslöffel Malven- und Schwarztee und Kamillenblüten, wenige Gramm Safran, Speiseöl;

SO GEHTS:

1. Wichtig ist, dass die Eier zuvor gründlich gereinigt werden, damit sie die Farbe annehmen können. Am besten benutzen Sie dazu Essigwasser.
2. Die Pflanzenteile müssen in der Regel etwa 30 bis 45 Minuten in einem Liter Wasser ausgekocht werden. Danach wird der Sud gefiltert und mit einem Schuss Essig gemischt. Das erhöht die Leuchtkraft der Farben.
3. Jetzt werden bis zu fünf Eier in dem Sud gekocht. Nach etwa zehn Minuten sind die Eier hart gekocht und gleichzeitig gefärbt.
4. Sind die Farben noch zu blass, sollten sie zurück in die Farbe gelegt werden.
5. Anschließend kann Ihr Kind mit einem weichen Lappen ein wenig Speiseöl auf die Eier reiben, damit sie richtig schön glänzen.

Schall: Hör doch mal!

WAHRNEHMEN

1–4 Forscher
1 Forscherassistent

Ein Hörspaziergang

Verbinden Sie Ihrem Kind die Augen, nehmen Sie es an die Hand und gehen Sie mit ihm zusammen langsam durch die Wohnung. Welche Geräusche hört Ihr Kind? Fordern Sie Ihr Kind auf, Ihnen die Geräusche der Umgebung zu beschreiben. Tickt eine Uhr im Hintergrund? Singt ein Vogel im Garten? Sind Windgeräusche zu hören?
Sollte sich Ihr Kind nur ungern die Augen verbinden lassen, dann bitten Sie es, seine Augen zu schließen.

VARIANTE: Nehmen Sie sich beim nächsten Spaziergang ins Grüne ein Halstuch mit. Wenn sich Ihr Kind in der Umgebung sicher fühlt, verbinden Sie ihm die Augen und machen Sie zusammen einen Hörspaziergang. Sie können sich auch einmal abwechseln. Verbinden Sie sich die Augen und lassen sich von Ihrem Kind führen.

KLANGSPIEL

Materialien: unterschiedlich große Plastikflaschen und Behälter, Reis, Nudeln, getrocknete Erbsen, trockener Mais, Wasser etc.;

2–4 Mitspieler

Rasselmusik

Mit Flaschen lassen sich die unterschiedlichsten Aktivitäten ausüben. Ihr Kind sollte die Gelegenheit bekommen, selbst Flaschen mit Material zu füllen und die unterschiedlichen Geräusche, die beim Füllen und Rasseln entstehen, wahrzunehmen.
Am besten verwenden Sie unterschiedliche Plastikflaschen wie z. B. Getränke-, Shampoo- oder Speiseölflaschen. Spülen Sie die Flaschen vor Gebrauch aber gut aus!
Besonders unterschiedliche Geräusche können Sie dann erzeugen, wenn sowohl die Flaschen als auch die Befüllung verschiedenartige Formen und Größen haben. Verwenden Sie zusätzlich Wasser als Füllung.
Lassen Sie Ihr Kind mit den Materialien herumspielen und experimentieren. Welches Geräusch gefällt Ihrem Kind am besten, welches mag es gar nicht?

Schlauchtelefon

SO GEHTS:
Stecken Sie in beide Enden des Schlauches einen Trichter und kleben Sie ihn mit Klebeband fest. Jetzt nehmen Sie das eine Ende des Schlauches und entfernen sich damit so weit von Ihrem Kind, wie es die Länge des Schlauches ermöglicht. Sie können sich z. B. auch hinter einem Baum verstecken, sodass Sie keinen Blickkontakt mehr haben. Sprechen Sie in den Trichter – er dient als Mikrofon –, während sich Ihr Kind den anderen Trichter, den Lautsprecher, ans Ohr hält. Es sollte auf keinen Fall zu laut hineingesprochen werden.

VARIANTE: Falls Sie keinen Schlauch zur Hand haben, können Sie auch auf das bekannte „Dosentelefon" zurückgreifen.

DAS PASSIERT!
Trotz der Entfernung können beide „Schlauchtelefonierer" die Botschaften durch den Schlauch gut verstehen.

FORSCHERWISSEN:
Der Schall bewegt sich in Wellen durch Luft, Wasser und sogar durch Mauern hindurch. Beim Schlauchtelefon wird der Schall vom Trichter auf die gesamte Fläche der Ohrmuschel gelenkt. Die Ohrmuschel leitet die Töne besonders gut ins Ohr hinein. Darum kann man das Gesprochene auch über eine Entfernung hinweg verstehen. Spricht man in gleicher Lautstärke ohne Schlauchtelefon weiter, wird man vom anderen viel schlechter verstanden.

3–4 Jahre

WAHRNEHMEN

Materialien: ein Gartenschlauch (ab 25 m Länge), 2 Trichter, Klebeband;

1–2 Forscher
1 Forscherassistent

Schall: Hör doch mal!

Knalltüte

BASTELN UND EXPERIMENTIEREN

Material: DIN-A3-Papier;

1–3 Forscher
1 Forscherassistent

Mit einer selbst gebastelten Knalltüte lässt sich wunderbar Krach machen.

SO GEHTS:

1. Falten Sie das Papier einmal horizontal und einmal vertikal. Legen Sie es wieder auseinander und knicken Sie die vier Ecken an der langen horizontalen Falte um.
2. Dann knicken Sie die obere Hälfte über die Mittellinie nach unten.
3. Falten Sie an der Mittellinie die rechte auf die linke Hälfte.
4. Nun knicken Sie sowohl vorn als auch hinten die Papierflügel nach unten.
5. Drehen Sie das gefaltete Papier, wie es in der Abbildung gezeigt wird. Halten Sie es an der unteren Spitze mit Daumen und Zeigefinger fest. Nun ist die Knalltüte einsatzbereit!
6. Schlagen Sie die Tüte ganz kräftig und schnell nach unten.

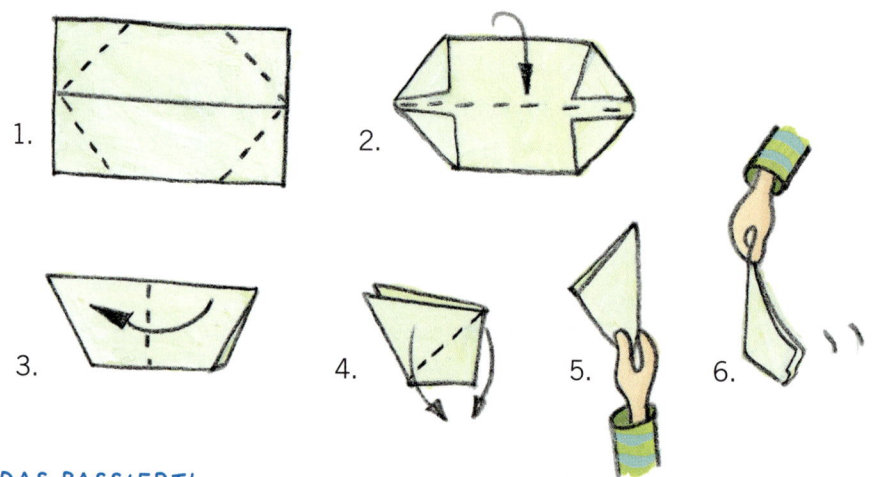

DAS PASSIERT!

Wenn die Knalltüte schnell und heftig bewegt wird, klappt sich der eingefaltete Teil der Tüte aus. Es knallt.

FORSCHERWISSEN:

Beim Ausklappen der Tüte wird die Luft um die Knalltüte herum zusammengedrückt. Dabei entstehen Schallwellen, die wir als Knall hören.

3–4 Jahre

Kann man Geräusche sehen?

Geräusche breiten sich unsichtbar in der Luft aus. Mit diesem Experiment lassen sich die Auswirkungen der Schallwellen sichtbar machen.

SO GEHTS:
1. Spannen Sie das Butterbrotpapier über die Schüssel und befestigen Sie es mithilfe eines Gummis. Das Papier sollte, wie bei einer Trommel, ganz straff sitzen.
2. Streuen Sie auf das Butterbrotpapier einige Sandkörner. Sollten Sie keinen Sand zur Hand haben, können Sie ebenfalls Salz oder Zuckerkörner verwenden.

3. Halten Sie das Backblech über die Schüssel. Geben Sie Ihrem Kind den Kochlöffel und lassen Sie es auf das Backblech schlagen.

DAS PASSIERT!
Sobald mit dem Kochlöffel auf das Backblech geschlagen wird, beginnen die Körner auf dem Papier zu springen.

FORSCHERWISSEN:
Das Blech schwingt, wenn darauf getrommelt wird. Diese Schwingungen werden durch die Luft übertragen. Stellen Sie sich unsichtbare Wellen vor, die sich wie im Wasser fortbewegen. Diese Wellen bringen das Butterbrotpapier zum Schwingen und damit die Körnchen darauf zum Hüpfen.

EXPERIMENTIEREN UND BEOBACHTEN
Materialien: Plastikschüssel, Butterbrotpapier, Gummiringe, etwas Sand, Zucker oder Salz, Backblech, Holzlöffel;

1–2 Forscher
1 Forscherassistent

Technik: Wie geht das?

Reiben und Schmieren

AUSPROBIEREN

Materialien: Handcreme oder Duschgel;

2–4 Forscher
1 Forscherassistent

Fordern Sie Ihr Kind auf, beide Handflächen aufeinanderzulegen und sie eine Minute lang kräftig zu reiben. Was ist geschehen? Was fühlt Ihr Kind? Durch die Reibung der beiden Hände entsteht Wärme – Ihr Kind hat sehr warme Hände bekommen.

VARIANTE: Cremen Sie die Hände gut mit Handcreme ein oder geben Sie etwas Duschgel auf die Hände. Lassen Sie Ihr Kind den Versuch noch einmal durchführen. Was stellt es nun fest? Durch die Creme oder das Duschgel wird die Reibung verringert und es entsteht kaum noch Wärme.

Wer ist schneller?

EXPERIMENTIEREN

Materialien: Knete, Holzkugel, 2 Streichholzschachteln, Taschentuch, Klebeband, glatte Unterlage (z. B. Backblech);

1 Forscher
1 Forscherassistent

Lassen Sie Ihr Kind ein kleines Wettrennen veranstalten. Welcher der Gegenstände wird als erster das Ziel erreichen und warum?

SO GEHTS:

Bereiten Sie gemeinsam die „Wettkampfteilnehmer" vor: Formen Sie aus der Knete einen Würfel. Ein Stück des Taschentuchs wird einmal um die Streichholzschachtel gewickelt und dann mit Klebeband befestigt. Die andere Schachtel bleibt so, wie sie ist.
Legen Sie alle vier Teilnehmer nebeneinander auf das Blech und starten Sie das Rennen, indem Ihr Kind das Backblech am einen Ende leicht hochhebt. Welcher Gegenstand bewegt sich als Erster? Wer gewinnt das Rennen?

3–4 Jahre

DAS PASSIERT!
Die Kugel bewegt sich als Erste und rollt am schnellsten hinunter. An zweiter Stelle ist die unbeklebte Streichholzschachtel. Platz drei geht an die umwickelte Schachtel und den letzten Rang belegt der Knetwürfel.

Wer wird gewinnen?

FORSCHERWISSEN:
Gegenstände wie Kugeln, die rollen können und dadurch die Unterlage nur wenig berühren, werden wenig gebremst und sind daher schneller.
Die Schachtel rutscht auf ihren glatten Flächen leicht nach unten. Die umwickelte Schachtel wird etwas gebremst, da ihre Oberfläche leicht rau ist. Der Knetwürfel klebt mit einer Seite auf dem Blech. Daher bewegt er sich am langsamsten und rutscht auch nicht so gut. Glatte Gegenstände rutschen besser als raue oder klebrige.

VARIANTE:
Das Experiment kann auch mit Spielsachen aus dem Kinderzimmer durchgeführt werden, wie z. B. mit Autos, Murmeln, großen und kleinen Kugeln, Bauklötzen, hohlen, kleinen Bällen. Welcher Gegenstand ist jetzt der schnellste?

Technik: Wie geht das?

Schweres mal ganz leicht

EXPERIMENTIEREN

Materialien: stabiler Karton, Teppich, ca. 10 Rundstäbe mit etwa 2 cm Durchmesser und 30 cm Länge;

1 Forscher
1 Forscherassistent

Führen Sie mit Ihrem Kind eine kleine Versuchsreihe durch, um herauszufinden, wie man leicht etwas Schweres transportieren kann. Heutzutage gibt es auf Baustellen und in Lagerhallen Maschinen, die einem viel Arbeit abnehmen. Aber wie haben die Menschen vor etwa 2 000 Jahren schwere Lasten transportiert?

SO GEHTS:

1. Stellen Sie den Karton auf den Teppich und setzen Sie sich hinein. Kann Ihr Kind Sie etwas wegschieben?

2. Rollen Sie den Teppich ein und legen Sie die Rundstäbe unter die Kiste. Setzen Sie sich wieder hinein. Ist es für Ihr Kind nun leichter?

DAS PASSIERT!

Liegen unter der Kiste Rundstäbe, kann man sie mit der „Last" viel leichter fortbewegen.

FORSCHERWISSEN:

Eine direkt auf dem Boden liegende Kiste lässt sich nur schwer verschieben, da der Widerstand, der durch die Reibung entsteht, hoch ist. Legt man Rollen darunter, ist der Widerstand wesentlich niedriger. Je geringer die Reibung ist, desto leichter lässt sich ein Gegenstand schieben.

3–4 Jahre

Manches fällt nicht nach unten

Auf der Erde sorgt die Schwerkraft dafür, dass alle Gegenstände, die wir loslassen, nach unten fallen. Doch manchmal lässt sich die Schwerkraft auch überlisten.

SO GEHTS:

1. Geben Sie Ihrem Kind eine Rührschüssel.
2. Ihr Kind soll zuerst eine Erbse über die Schüssel halten und sie loslassen. Was passiert?
3. Als Nächstes platzieren Sie die Erbse in der Rührschüssel. Drehen Sie nun mit der Schüssel in Ihrer Hand kleine Kreise. Dabei sollten Sie aus dem Handgelenk heraus drehen. Was passiert nun?

Puh, da wird mir ja schon vom Zuschauen schwindelig!

AUSPROBIEREN
Materialien: Rührschüssel, Erbse oder kleine Holzkugel;

2–6 Forscher
1 Forscherassistent

DAS PASSIERT!
Lässt man die Erbse los, fällt sie in die Schüssel. Die Schwerkraft zieht sie nach unten. Wird die Erbse in der Schüssel gedreht, rollt sie dort an der Wand entlang und bewegt sich – entgegen der Schwerkraft – nach oben.

FORSCHERWISSEN:
Durch Drehbewegungen kann man Gegenstände nach außen drängen. Diese sogenannte Fliehkraft sorgt dafür, dass der Gegenstand nicht nach unten fällt, sondern sich nach außen bewegt. Ist die Fliehkraft groß genug, bewegt sich in unserem Experiment die Erbse in der Rührschüssel nach oben. Wird die Kraft schwächer bzw. die Rotation des Gegenstandes zu langsam, fällt die Erbse nach unten.

Technik: Wie geht das?

EXPERIMENTIEREN

Materialien: 2 Luftballons, dünner Nähfaden (ca. 2 m lang), Klebeband, Wollpullover oder Wollmütze;

2–10 Forscher
1 Forscherassistent

Zwei sich streitende Luftballons

Kinder sind fasziniert von Versuchen mit Luftballons, da sie diese meist aus dem alltäglichen Spielen kennen.

SO GEHTS:

1. Pusten Sie gemeinsam mit Ihrem Kind die beiden Luftballons auf. Achten Sie darauf, dass die Ballons etwa gleich groß sind.
2. Knoten Sie die Ballons zu und verbinden Sie beide mit einem Nähfaden.
3. An der Mitte des Nähfadens werden die Ballons mit Klebeband an die Zimmerdecke geklebt, sodass sie auf gleicher Höhe hängen und ein Erwachsener die zwei Ballons gut erreichen kann.
4. Reiben Sie die beiden Ballons nun fest mit der Wollmütze. Was passiert, wenn Sie die Ballons loslassen?

DAS PASSIERT!

Die beiden Ballons stoßen sich gegenseitig ab und stehen mit einigem Abstand voneinander in der Luft.

FORSCHERWISSEN:

Die zwei Ballons wurden durch das Reiben mit der Wollmütze statisch aufgeladen und mit negativer Ladung versehen. Da sich gleiche Ladungen immer abstoßen, halten auch die beiden Ballons Abstand voneinander.

4 – 6 Jahre

Für schlaue Experimentiertiger

Tipps für Forschereltern

WAS KANN DAS KIND?

Vergleichen und Experimentieren

Im Alter von 4 bis 6 Jahren ist Ihr Kind schon sehr selbstständig geworden. Es kann sich sprachlich immer differenzierter ausdrücken und sich damit verständlich machen, es weiß sich zu bewegen, sich zu verhalten (oder auch gerade nicht). Im Hinblick auf die Entwicklung eines Zeitverständnisses wird es erst jetzt die Dimension der Vergangenheit verstehen.

Es hat „seinen eigenen Kopf" und bereits eigene Vorlieben und Interessen. Wenn es Dinge erklärt, sind es zunächst „ist wie"- und „immer dann, wenn"-Erklärungen. Wenn es beschäftigt ist, kann es die Zeit vergessen.

Nach und nach beginnt es nun auch Warum-Fragen zu stellen. Zunächst beziehen sich diese Warum-Fragen im Alter von ca. 4 bis 5 Jahren noch auf funktionale Zusammenhänge nach dem Muster: „Warum fährt ein Zug auf Schienen?" oder: „Warum sind am Himmel Wolken?". Dabei will das Kind wissen, ob das immer so ist, bei allen Zügen und an jedem Tag. Seine Interessen und Handlungen sind darauf ausgerichtet, diese Zusammenhänge herauszufinden. Erklärungen im Sinne der Erklärungen Erwachsener sind dies jedoch noch nicht. Diese braucht und entwickelt das Kind erst, wenn es genügend Erfahrungen gesammelt und Zusammenhänge erkannt hat. Wenn es weiß, dass Züge auf Schienen und Autos auf Straßen fahren, dann beginnt es zu fragen, warum es denn so ist. Nun werden diese Zusammenhänge untersucht, und das Kind beginnt zu forschen. Erst jetzt werden eigene Theorien über die Welt um sich herum aufgestellt und überprüft.
Auf dieser Grundlage des ersten eigenen Denkens über Zusammenhänge und der Bestätigung darin, dass es möglich ist, logische Erklärungen zu finden, kann das Kind erste Experimente im wissenschaftlichen Sinne machen. Bezüglich der Forscherfähigkeiten stehen nun die gezielte Auseinandersetzung mit der Umwelt und die Suche nach Erklärungen für Beobachtetes im Vordergrund. Dazu kommt das zielorientierte „Konstruieren", das Kind wird immer geschickter. Die Beobachtung wird geschult, der Umgang mit Hilfsmitteln und Werkzeugen wird geübter, die Sprache und Handlungskompetenzen werden ausdifferenziert und genauer.

4–6 Jahre

Alles, was neue Erfahrungen und eigene Entdeckungen erlaubt, ist spannend. Ganz besonders können dies Naturphänomene sein, die im Alltag und beim Spielen zu entdecken sind. Dabei entstehen Verwunderung und Fragen und damit Anlässe, über die Welt nachzudenken. Beim Suchen nach Antworten auf solche Fragen sind Erfolgserlebnisse wichtig und Anregungen für weiteres Handeln. Je vielfältiger die „Lern"-Umgebung ist, desto stärker wird sich die Kreativität des Kindes entwickeln und mit ihr die Grundlage für das Verstehen naturwissenschaftlicher und mathematischer Zusammenhänge.

So mögen Kinder in diesem Alter das Experimentieren mit Materialien und Phänomenen, das gezielte Bauen und Konstruieren, aber auch Geschichten und Gespräche darüber.

Regen Sie Ihr Kind weiterhin dazu an, die Welt mit eigenen Augen und Aktionen zu entdecken und auch selbst nach Erklärungen zu suchen. Geben Sie ihm dabei nicht jeden Schritt vor, sondern ermutigen Sie es, eigene Möglichkeiten zu finden. Reden Sie mit ihm über seine Entdeckungen und Erfahrungen. Dabei wird einerseits die genaue Beobachtung geschult, andererseits werden aber auch seine sprachlichen und feinmotorischen Fähigkeiten entwickelt. Achten Sie darauf, dass das Spielerische im Mittelpunkt steht und nicht die Wissensanhäufung. Lassen Sie Ihr Kind eigene Ideen verfolgen:

- mit Farben experimentieren und gestalten
- Pflanzen und Tiere ganz genau beobachten
- mit Wasser experimentieren: umfüllen in verschiedene Gefäße, Pipetten benutzen, bestimmte Mengen erfassen und vergleichen, fest, flüssig, gasförmig erleben, das Beobachtete auf andere Flüssigkeiten anwenden
- Licht, Schatten, Spiegel
- Magnete spielerisch erkunden
- Luftwiderstand und Auftrieb erleben
- Akustik: Schwingungen wahrnehmen (hören, fühlen, sehen), räumliches Hören

WAS IST JETZT FÜR DAS KIND SPANNEND UND ANREGEND?

WAS KÖNNEN SIE TUN?

MÖGLICHE AKTIONEN

Pflanzen: Ab ins Grüne

Wie kommt Wasser in die Wurzeln?

EXPERIMENTIEREN UND BEOBACHTEN

Materialien: etwas Traubensaft, Salz, altes, weißes Baumwolltuch;

1–4 Forscher
1 Forscherassistent

Pflanzen brauchen Wasser, um zu überleben. Wenn es regnet, gelangt Wasser auf und in die Erde. Dieses Wasser nehmen die Pflanzen auf. Doch wie machen sie das? Finden Sie es mit diesem Experiment heraus.

SO GEHTS:

Helfen Sie Ihrem Kind dabei, etwas Traubensaft auf das Tuch zu tropfen. Bevor der Fleck eintrocknen kann, streuen Sie sofort viel Salz darauf. Beobachten Sie nun gemeinsam, was geschieht.

DAS PASSIERT!

Die weißen Salzkörner, die auf dem Tuch mit dem Traubensaft in Berührung gekommen sind, färben sich rötlich.

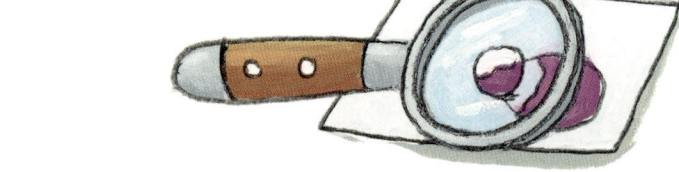

FORSCHERWISSEN:

Salz besteht vor allem aus Natriumchlorid. Dieser Stoff ist wasseranziehend. Sobald das Salz auf die Decke gestreut wird, wird der Saft angesogen. Das erkennt man daran, dass sich die Salzkörner rot verfärben.
Bei Pflanzen funktioniert das unter anderem so: Ihre Wurzeln enthalten ein bisschen Salz. Wenn bei Regen Wasser in den Boden gelangt, zieht das Salz das Wasser in die Wurzel, und der Baum kann trinken. Zusätzlich erzeugen die engen „Transportbahnen" (Kapillaren) in der Pflanze einen Sog und unterstützen dadurch die Aufnahme des Wassers.

4–6 Jahre

Können Pflanzen schwitzen?

Pflanzen benötigen Wasser, um wachsen zu können. Sie nehmen es über die Wurzeln auf. So gelangt es dann auch in die Zweige und Blätter. Können die Pflanzen das Wasser auch wieder abgeben? Bereiten Sie folgenden Versuch am besten abends vor, damit sich am nächsten Morgen schon erste Ergebnisse zeigen.

SO GEHTS:
Legen Sie einen Zweig mit vielen Blättern in einen Gefrierbeutel. Verschließen Sie den Beutel mit einem Gummi so, dass kein Wasser in die Tüte gelangen und keines aus ihr herausfließen kann.

DAS PASSIERT!
An den Wänden der Tüte haben sich kleine Wassertropfen abgesetzt.

FORSCHERWISSEN:
In den Zweigen von Büschen und Bäumen befindet sich Wasser. Über die Blätter können sie dieses Wasser auch wieder abgeben – so, wie die Menschen und Tiere es auch beim Atmen und Schwitzen tun. Dieses nach außen tretende Wasser verdunstet schnell. Normalerweise kann man deshalb diesen Vorgang nicht sehen, aber in unserem Versuch setzt sich das Wasser als Tröpfchen innen in der Tüte ab, es kondensiert.

EXPERIMENTIEREN UND BEOBACHTEN
Materialien: Gefrierbeutel, Haushaltsgummi;

1–4 Forscher
1 Forscherassistent

Pflanzen: Ab ins Grüne

Wie alt ist ein Baum?

ERKUNDEN
Materialien: Wollfaden, Metermaß, Schere;

1–2 Forscher
1 Forscherassistent

Das Alter eines Baumes kann man an seinen Jahresringen abzählen. Bei einem gesunden Baum sind die Jahresringe von außen nicht zu erkennen. Durch eine einfache Messmethode lässt sich das Alter des Baumes bestimmen.

SO GEHTS:

1. Zuerst legt Ihr Kind den Wollfaden einmal um den Baumstamm herum. Dort, wo sich die beiden Fäden treffen, wird der Faden abgeschnitten. (Der Umfang wird in einer Höhe von etwa 1,20 Meter gemessen, also ungefähr auf Kopfhöhe des Kindes.)

2. Nun legt der Forscher den Faden an seinem Maßband an und misst die Länge des Fadens.

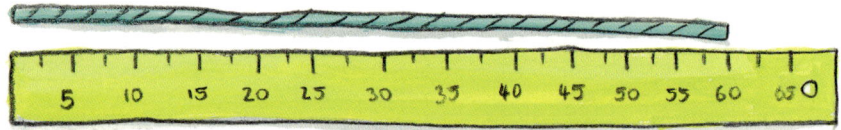

3. Der Forscherassistent muss jetzt ein wenig rechnen. Er teilt den Umfang (in Zentimeter) durch 2,5. Das Ergebnis dieser Rechnung zeigt etwa das Alter des Baumes an.

BEISPIEL: 60 : 2,5 = 24.
Der Baum ist also etwa 24 Jahre alt.

4–6 Jahre

Eine kleine „Wetterstation"

Aus einem Kiefernzapfen lässt sich wunderbar eine Wetterstation basteln.

SO GEHTS:
1. Kleben Sie den Zapfen mit den beiden Holzstäben stabil auf die Pappunterlage.

2. Befestigen Sie mit Ihrem Kind den Zahnstocher innen an einem Samenblatt des Zapfens. Verwenden Sie dafür einen oder zwei Tropfen Flüssigklebstoff.

3. Stellen Sie Ihre „Wetterstation" nach draußen an eine geschützte Stelle.

DAS PASSIERT!
Sollte es regnen, zeigt der Zahnstocher nach oben, scheint die Sonne und ist es trocken, steht das Stäbchen seitlich ab.

FORSCHERWISSEN:
Bei schlechtem Wetter schützt der Zapfen seine Samen vor der Nässe. Das feuchte Wetter lässt das Holz quellen und sorgt dafür, dass sich die Schuppen schließen. Ist das Wetter schön und haben die Samen gute Bedingungen zum Fliegen und Wachsen, öffnet der Zapfen seine Samenblätter.

BASTELN UND BEOBACHTEN

Materialien: Kiefernzapfen, Zahnstocher, Flüssigklebstoff, Pappe, 2 kurze Holzstäbe, Buntstifte;

1 Forscher
1 Forscherassistent

Pflanzen: Ab ins Grüne

Becherlupe selbst gebaut

BASTELN

Materialien: Plastik- oder Joghurtbecher, Frischhaltefolie, Gummiring;

1–2 Forscher
1 Forscherassistent

Hat ein Forscher für seine Entdeckungstouren keine Becherlupe zur Hand, kann er sich diese selbst basteln.

SO GEHTS:

1. Spannen Sie gemeinsam die Frischhaltefolie stramm über die Öffnung des Bechers.

2. Schneiden Sie vorsichtig oberhalb des Becherbodens ein Loch hinein. Durch diese Öffnung werden Dinge zum Beobachten hineingelegt, wie z. B. das Blatt eines Baumes.

3. Geben Sie einige große Tropfen Wasser oben auf die Frischhaltefolie. Lassen Sie nun Ihr Kind durch die Wassertropfen auf den Boden des Gefäßes schauen. Was kann es beobachten?

DAS PASSIERT!

Der Gegenstand in dem Becher erscheint durch das Wasser betrachtet etwas größer.

FORSCHERWISSEN:

Im Wassertropfen wird das Licht anders gebrochen als in der Luft. Daher erscheinen Gegenstände größer. Das kann auch in der Badewanne oder im Schwimmbad beobachtet werden. Im Wasser sehen z. B. die eigenen Beine dicker aus als in Wirklichkeit.

VARIANTE: Noch besser funktioniert es, wenn statt der Frischhaltefolie eine kleine Glasschüssel mit gewölbtem Boden verwendet wird, denn sie verstärkt den Effekt des Wassers. Stellen Sie die Schale mit der Öffnung nach oben in den Becher.

4–6 Jahre

Kann man Blumen färben?

Bekanntermaßen gibt es Blumen in den unterschiedlichsten Farben. Aber haben Sie selbst schon einmal weiße Blumen gefärbt?

SO GEHTS:
1. Geben Sie jedem Forscher ein Glas und lassen Sie die Gläser zu drei Vierteln mit Wasser befüllen.
2. Geben Sie ein wenig Lebensmittelfarbe ins Wasser und rühren Sie um. Achten Sie darauf, dass sich die Farbe gut auflöst.
3. Nun stellt jeder Forscher eine weiße Blume in das mit seinem Namensschild versehene Glas.
4. Die kleinen Forscher können danach herausfinden, was z. B. auf gelben oder rosa Blüten passiert und ob sich die Stängel auch verfärben.

EXPERIMENTIEREN UND BEOBACHTEN

Materialien (je Forscher): ein hohes Glas, Wasser, Lebensmittelfarbe (z. B. Rot oder Blau), eine weiße Blume (z. B. eine Nelke oder Tulpe), Klebeetiketten für die Namensschilder;

1–4 Forscher
1 Forscherassistent

Beobachten Sie gemeinsam die Blume. Was geschieht? Wie hat sich die Blume nach etwa sechs bis acht Stunden verändert?

DAS PASSIERT!
Die Blätter und die Blüten der Blume haben die Farbe des gefärbten Wassers angenommen.

FORSCHERWISSEN:
Die Blume saugt das gefärbte Wasser durch den Stängel bis nach oben in die Blüte. Jeder Teil der Pflanze wird also mit Wasser versorgt.

Pflanzen: Ab ins Grüne

ORDNEN

1–2 Forscher
1 Forscherassistent

Was gehört zusammen?

Jede Baumart hat ihre ganz eigenen Früchte und Blätter. Kennt Ihr Kind schon einige Blätter und Früchte und weiß es, welche zusammengehören?

Hier sehen Sie die Lösungen, die Sie während des Spiels abdecken:

Haselnuss   Kastanie   Eiche, Eichel   Buche, Buchecker

110

Fliegende Samen

Bäume und Sträucher sind fest mit ihren Wurzeln in der Erde verankert. Ihre „Kinder", die jungen Sträucher und Bäume, sind aber in deutlichem Abstand von ihnen zu finden. Damit die Samen also weit verbreitet werden, müssen sie fliegen können. Wie machen sie das? Man findet die unterschiedlichsten Formen in der Natur. Zeigen Sie dem Forscher Ahornsamen. Diese Samen bewegen sich auf ihrer „Flugreise" wie kleine Hubschrauber in der Luft. Mit dieser Anleitung lässt sich ein solcher Hubschrauber basteln.

BASTELN

Materialien: DIN-A5-Tonpapier, Schere, Büroklammer;

1–6 Forscher
1 Forscherassistent

SO GEHTS:

1. Der Forscherassistent überträgt zuerst diesen Bauplan auf ein A5-Tonpapier.

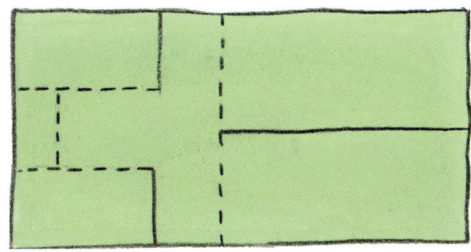

2. Schneiden Sie entlang der durchgehenden Linie und falten Sie gemeinsam mit Ihrem Kind die Oberteile an den gepunkteten Linien in entgegengesetzte Richtung.

3. Falten Sie das Unterteil wie angegeben. Befestigen Sie die letzte geklappte Lasche mit einer Büroklammer. Dieses kleine Gewicht wird dem Hubschrauber beim Drehen helfen.

Wetter: Regenschirm oder Sonnenhut

Wie stark weht der Wind?

BEOBACHTEN

Materialien: Beispielabbildungen auf dieser Seite;

1–2 Forscher
1 Forscherassistent

SO GEHTS:

Ist es draußen windig? Beobachten Sie den Wind, lassen Sie Ihr Kind den Wind entsprechend fühlen und die Stärke mit Worten beschreiben. Versuchen Sie dann, seine Stärke mithilfe der Abbildungen zu bestimmen. Zum Glück sind die heftigen Windstärken bei uns selten.

DAS PASSIERT!

 **Stärke 0:** Windstille, nichts bewegt sich

 **Stärke 1:** leichter Zug, der Rauch zeigt die Windrichtung an

 **Stärke 2:** leichte Brise, man fühlt den Wind im Gesicht

 **Stärke 3:** schwache Brise, Zweige und Blätter rascheln

 **Stärke 4:** mäßige Brise, Zweige und kleine Äste bewegen sich

 **Stärke 5:** frische Brise, kleine Bäume wackeln leicht im Wind

 **Stärke 6:** starker Wind, starke Äste bewegen sich

 **Stärke 7:** steifer Wind, Zweige brechen, leichte Beschädigungen

 **Stärke 8:** stürmischer Wind, Äste brechen, Dachziegel fallen herunter

 **Stärke 9:** Sturm, Dächer werden abgedeckt

 **Stärke 10:** schwerer Sturm, Bäume werden entwurzelt, Häuser beschädigt

 **Stärke 11:** orkanartiger Sturm, schwere Sturmschäden

 **Stärke 12:** Orkan, schwere Verwüstungen

FORSCHERWISSEN:

Vor etwa zweihundert Jahren teilte ein Mann mit dem Namen Francis Beaufort die Windstärken in eine Skala von 0 bis 12 ein. Seitdem lässt sich die Stärke des Windes ohne Messgerät durch Naturbeobachtungen bestimmen.

4–6 Jahre

Windrichtung

Bauen Sie mit Ihrem Kind eine Windrose und bestimmen Sie damit die Windrichtung.

SO GEHTS:

1. Übertragen Sie die Windrose mit den Himmelsrichtungen auf die Pappe und schneiden Sie diese aus.
2. Stecken Sie den Strohhalm senkrecht in einen Haufen Knetgummi und stellen Sie ihn in die Mitte der Windrose.
3. Jetzt wird das Fähnchen gebastelt: Durchstechen Sie zweimal mit dem Spieß den Rand des Papiers. Umwickeln Sie den Spieß unterhalb des Papiers noch mit Klebeband, damit das Fähnchen nicht rutscht. Zeichnen Sie einen waagerechten Pfeil auf die Fahne, der in die Richtung des Spießes zeigt.
4. Stecken Sie das Fähnchen in den Strohhalm und stellen Sie das Windmessgerät nach draußen.
5. Richten Sie die Windrose nun mithilfe des Kompasses nach Norden aus.

DAS PASSIERT!

Das Fähnchen bewegt sich mit dem Wind.

FORSCHERWISSEN:

Das Papierfähnchen richtet sich immer nach dem Wind aus. Dabei zeigt die Pfeilspitze auf der Fahne in die Richtung, aus der der Wind kommt.
Die Windrichtungen heißen (N) Norden, (NO) Nordosten, (O) Osten, (SO) Südosten, (S) Süden, (SW) Südwesten, (W) Westen und (NW) Nordwesten.

BAUEN UND BEOBACHTEN

Materialien: Pappe (Durchmesser ca. 20 cm), Knetgummi, Strohhalm, Schaschlikspieß, Stück Papier in Postkartengröße, Stift, Klebeband, Kompass;

1–2 Forscher
1 Forscherassistent

Wetter: Regenschirm oder Sonnenhut

EXPERIMENTIEREN UND BEOBACHTEN

Materialien: heißes Wasser aus dem Hahn, großer Topf, große Schale mit Eiswürfeln;

1–3 Forscher
1 Forscherassistent

Zimmerwölkchen

SO GEHTS:

1. Füllen Sie den Topf zu einem Drittel mit heißem Wasser aus dem Hahn.
2. Schwenken Sie dann die Eiswürfel-Schale über dem Topf ganz leicht hin und her.

DAS PASSIERT!

Über dem Topf bilden sich nach kurzer Zeit kleine, zarte Wölkchen.

FORSCHERWISSEN:

Die „Zimmerwölkchen" entstehen, wenn sich die feuchtwarme Luft aus dem Topf abkühlt. Die Eiswürfel helfen dabei. Sie sind ja sehr kalt.
Auf ähnliche Weise entstehen Wolken am Himmel: Wenn die Sonne das Wasser auf der Erde erwärmt, verdunstet das Wasser. Es steigt als Wasserdampf auf und kühlt sich dabei wieder ab. Beim Abkühlen bilden sich kleine Wassertröpfchen. Aus diesen Tröpfchen bestehen die Wolken. Wolken werden durch den Wind fortbewegt und geformt. Sind in der Wolke irgendwann so viele Wassertröpfchen enthalten, dass sie nicht mehr schweben kann, beginnt es zu regnen. Das Wasser fällt auf die Erde zurück. So befindet sich das Wasser in einem ständigen Kreislauf zwischen Erde und Atmosphäre.

BEOBACHTEN

2–6 Forscher
1 Forscherassistent

Kleines Wolkenlexikon

Gewitterwolken (Kumulonimbuswolken) zeigen sich hoch am Himmel als eindrucksvolle Wolkentürme. Manchmal sind sie unten ganz dunkel. Diese Wolken bringen schwere Gewitter.

Schichtwolken (Nimbuswolken) sind meist dick und grau. Die Sonne bleibt dahinter unsichtbar. Aus ihnen kann Regen oder Schnee fallen.

Schäfchen- und Haufenwolken (Kumuluswolken) sehen aus wie puffige Schäfchen und Schlagsahnehäufchen. Die typischen Schönwetterwolken bringen nur selten Regen.

Wie spät ist es?

4–6 Jahre

Entdecken Sie mit Ihrem Kind die Zeit! Eine selbst gebastelte Sonnenuhr hilft Ihnen dabei. Zusätzlich können Sie gemeinsam an Hauswänden und in Parks nach Sonnenuhren suchen. Zeigen Sie, wie sich mithilfe des Schattens die Uhrzeit ablesen lässt.

SO GEHTS:

1. Befüllen Sie den Blumentopf mit so viel Erde, dass der Stab stabil darin steht. Stellen Sie ihn an einen Platz, der ständig von der Sonne beschienen wird, und lassen Sie ihn dort stehen.
2. Markieren Sie zu jeder vollen Stunde am Topfrand den Schatten und tragen Sie die Zahlen ein. Sie können den Topf auch auf ein großes Blatt Papier stellen und die Eintragungen dort vornehmen. Achten Sie darauf, dass der Stab dann lang genug ist.

DAS PASSIERT!

Am Topfrand ist der Schatten des Stabes sichtbar. Er wandert im Laufe eines Tages an der Innenseite des Topfes entlang.

FORSCHERWISSEN:

Die Sonne scheint sich zu bewegen, es ist jedoch die Erde, die sich in immer gleicher Geschwindigkeit in 24 Stunden einmal um die eigene Achse dreht. Mit dem Sonnenstand verändert sich die Position des Schattens: Morgens ist der Schatten lang, er zeigt bei uns nach Westen. Mittags steht die Sonne im Süden, also hoch am Himmel. Dann ist der Schatten kurz und zeigt nach Norden. Am Nachmittag wird der Schatten wieder länger und neigt sich gen Osten. Da bei der Sonnenuhr die Markierungen des Schattens an jedem Tag gleich sind, lässt sich mit ihr die Uhrzeit bestimmen.

BAUEN UND BEOBACHTEN

Materialien: Blumentopf aus Ton, Stab (etwas länger als der Topf), Erde, Bleistift, Uhr, Sonne, evtl. Papier;

1–2 Forscher pro Topf
1 Forscherassistent

Hier ist mein Schatten!

Wetter: Regenschirm oder Sonnenhut

Wie viel Wasser ist der Luft?

Bestimmen Sie die Luftfeuchtigkeit mit einem selbst gebauten Hygrometer (Luftfeuchtigkeitsmessgerät).

SO GEHTS:

1. Kleben Sie das Papier auf das Holzbrett und schlagen Sie den Nagel so in die Mitte des Brettes, dass er ca. 3 cm weit hinausragt.
2. Schneiden Sie einen 5 mm breiten und ca. 5 cm langen Streifen Silberpapier ab und befestigen Sie das eine Ende mit Klebeband am Nagel. Die silbrige Seite des Papiers zeigt dabei nach außen.
3. Wickeln Sie das Papier nun bei trockenem, sonnigem Wetter fest um den Nagel und lassen Sie es los. Die Papierspirale zeigt jetzt auf eine Stelle auf dem Brett. Markieren Sie diesen Punkt durch eine kleine gemalte Sonne.
4. Stellen Sie das Hygrometer draußen an einen regensicheren Ort.

DAS PASSIERT!

Bei höherer Luftfeuchtigkeit entrollt sich die Papierspirale etwas, bei Trockenheit rollt sie sich wieder zusammen. Dadurch bewegt sich das Ende des Papiers und zeigt mal auf die Sonne, mal in eine andere Richtung, die Sie dann z. B. mit einer Regenwolke markieren können.

FORSCHERWISSEN:

Das Silberpapier des Kaugummis besteht auf der einen Seite aus Aluminiumfolie und auf der anderen Seite aus dünnem Papier. Da nur die Papierseite Feuchtigkeit aus der Luft aufsaugen kann und sich dadurch ausdehnt wie ein kleines Schwammtuch, verbiegt sich der gesamte Streifen. Er rollt sich auf oder ab: Bei feuchter Luft deutet das Spiralende auf die Wolke. Ist die Luft trocken, zieht sich das Papier zusammen und die Spirale rollt sich auf. Nun bewegt sich das Papierende zur Sonnenmarkierung.

BAUEN UND BEOBACHTEN

Materialien: quadratisches Holzbrett (etwa 15–20 cm groß), Blatt Papier, Nagel (4–5 cm lang), Silberpapier eines Kaugummis, Stift, Klebeband, flüssiger Klebstoff;

1–2 Forscher
1 Forscherassistent

Ganz schön bunt: Die Farben

Ein kleines Iglu

SO GEHTS:

Formen Sie aus Schnee eine halbrunde Höhle, die etwa 15 bis 20 cm hoch ist. Stellen Sie das angezündete Teelicht hinein. Achten Sie darauf, dass der Abstand zwischen der Höhlendecke und der Flamme etwa 15 cm beträgt.

BAUEN UND AUSPROBIEREN

Materialien: Schnee, Teelicht, Streichhölzer oder Stabfeuerzeug;

1–4 Forscher
1 Forscherassistent

DAS PASSIERT!

In der Höhle ist es durch das Teelicht hell und warm geworden.

FORSCHERWISSEN:

Das Teelicht bringt das Iglu nicht so schnell zum Schmelzen, weil die weißen Schneewände die Wärme der Kerze reflektieren.
Daneben können Eis und Schnee auch Wärme aufnehmen und lange „festhalten". In ihnen steckt viel Luft, und die sorgt dafür, dass in einem geschlossenen Iglu weder kalte Luft nach innen noch warme Luft nach außen strömen kann. So wirken die Schneewände des Iglus wie eine Isolierwand.

In großen Iglus können sogar Menschen leben. Die Körperwärme von mehreren Menschen reicht aus, um das Innere des Iglus trotz einer niedrigen Außentemperatur auf etwa 15 Grad zu erwärmen.

Mir ist das zu kalt!

Elemente: Erde, Wasser, Luft und Feuer

Ein Vulkan im Sandkasten

EXPERIMENTIEREN

Materialien: Sandkasten, Schale, leere Plastikflasche, Trichter, Essig, Natron (oder Backpulver), rote Lebensmittelfarbe;

1 Forscher
1 Forscherassistent

SO GEHTS:

1. Färben Sie den Essig rot. Befüllen Sie die Flasche zur Hälfte mit Natron.
2. Bauen Sie im Sandkasten einen Vulkankegel aus Sand, in den Sie die Flasche so eingraben, dass nur noch die Flaschenöffnung zu sehen ist.
3. Gießen Sie nun mithilfe des Trichters den gefärbten Essig in die Flasche.

DAS PASSIERT!

Unmittelbar nach dem Zugießen des Essigs blubbert dieser wieder aus der Flasche und verteilt sich auf dem Vulkankegel.

FORSCHERWISSEN:

Mischt man Essig und Natron (ist im Backpulver), bildet sich das Gas Kohlendioxid. Dieses Gas dehnt sich schnell und stark aus und presst dabei den roten Essig wieder aus der Flasche heraus.
Auch für einen echten Vulkanausbruch sind Gase verantwortlich. Das Gestein im Inneren der Erde ist so heiß, dass es flüssig ist. Man nennt es Magma. Bilden sich im Inneren der Erde durch chemische Reaktionen Gase, können diese das flüssige Magma aus der Erde drücken. Sobald die glühend heiße Magmamasse nach außen tritt, wird sie Lava genannt. Sie kühlt während des Fließens ab und erstarrt allmählich zu schwarzem Vulkangestein.

Rieselbilder aus Sand

AUSPROBIEREN

Materialien: feiner Sand, Lebensmittelfarbe, Papier, Klebstoff;

1–4 Forscher
1 Forscherassistent

SO GEHTS:

Färben Sie den Sand mit unterschiedlichen Farben. Füllen Sie ihn dann in Gefrierbeutel, die Sie an einer Ecke anschneiden. Nehmen Sie ein Blatt Papier und bestreichen Sie es mit Klebstoff, und los gehts mit dem Rieseln! Nun entstehen bunte Bilder mit ganz verschiedenen Formen und Mustern.

4–6 Jahre

Kullernde Tropfen

Lassen Sie Wasser mithilfe von heißer Luft nach oben fließen.

SO GEHTS:
1. Bohren Sie mit einem Schraubendreher ein Loch in den Marmeladendeckel. Der Strohhalm muss gut in das Loch hineinpassen.
2. Befüllen Sie nun das Glas zur Hälfte mit kaltem Wasser.
3. Drehen Sie den Deckel auf das Glas, schieben Sie den Strohhalm durch das Loch im Deckel, bis er den Boden des Glases berührt. Schneiden Sie den Halm oben so weit ab, dass er etwa zwei Fingerbreit aus dem Deckel ragt.
4. Dichten Sie nun das Loch im Deckel mit der Knete ab.
5. Zum Schluss gießen Sie kochendes Wasser in die Plastikschüssel und stellen das Marmeladenglas hinein.
   Vorsicht – heiß!

EXPERIMENTIEREN
Materialien: leeres Marmeladenglas mit Deckel, Strohhalm, etwas Knete, Plastikschüssel, Schraubendreher, Schere, Wasser, Wasserkocher;

1–2 Forscher
1 Forscherassistent

DAS PASSIERT!
Nach einem kleinen Moment beginnt das Wasser aus dem Glas in dem Strohhalm hochzusteigen. Kurz danach tropft es aus dem Strohhalm heraus.

FORSCHERWISSEN:
Luft dehnt sich aus, wenn sie erwärmt wird, und zieht sich zusammen, wenn sie gekühlt wird. Das merkt man aber nur, wenn die Luft in einem geschlossenen Behälter ist, wie bei unserem Experiment. Das heiße Wasser in der Schüssel erwärmt die Luft im Marmeladenglas, dadurch dehnt sie sich aus und verdrängt das Wasser aus dem Marmeladenglas, sodass es durch den Strohhalm nach oben steigt und heraustropft.

Elemente: Erde, Wasser, Luft und Feuer

Seifenboot

EXPERIMENTIEREN

Materialien: 2 kleine Stöckchen, 2 größere Schalen mit Wasser, Taschenmesser, etwas Seife;
für die Variante: Schale mit Wasser, Büroklammer, Knopf oder Stecknadel;

1–4 Forscher
1 Forscherassistent

SO GEHTS:

1. Kerben Sie eines der beiden Stöckchen am Ende ein und schmieren Sie in die Kerbe etwas Seife.
2. Legen Sie dann zunächst das Stöckchen ohne Seife auf die ruhige Wasseroberfläche einer Schale und dann das zweite Stöckchen mit Seife auf die Wasseroberfläche der zweiten Schale. Was passiert?

DAS PASSIERT!

Das erste Stöckchen schwimmt auf der Wasseroberfläche und bleibt fast unbewegt.
Das zweite Stöckchen schwimmt und bewegt sich fort.

FORSCHERWISSEN:

Beide Stöckchen schwimmen, weil Holz leichter als Wasser ist. Wasser besteht aus winzigen Teilchen, den Molekülen, die man nicht sehen kann. Diese Wasserteilchen halten an der Wasseroberfläche stärker zusammen als im Inneren des Wassers. Es bildet sich eine Haut, die von einer Kraft, der Oberflächenspannung, erzeugt wird. Die Seife am Stockende zerstört die dünne Haut des Wassers. Dadurch geraten die Wasserteilchen in Bewegung und schieben den Stock vorwärts.

VARIANTE: Legen Sie mit einer Pinzette vorsichtig eine Büroklammer auf die seifenfreie Wasseroberfläche. Die Oberflächenspannung des Wassers bewirkt, dass sie nicht untergeht, obwohl sie schwerer als Wasser ist. Geben Sie dann einen Spritzer Spülmittel ins Wasser. Nun sinkt die Büroklammer nach unten, denn durch das Spülmittel reißt die feine Haut, die zuvor die Büroklammer getragen hat.

4–6 Jahre

Wasser und Öl

Schauen Sie zu, wie sich Wasser und Öl verhalten, wenn man beide Flüssigkeiten mischt.

SO GEHTS:

1. Füllen Sie die Flasche zu einem Drittel mit Wasser und zu einem weiteren Drittel mit Öl und verschließen Sie sie.
2. Schütteln Sie die Flasche und stellen Sie sie ab. Was passiert?
3. Warten Sie einige Minuten ab. Geben Sie dann mit einer Pipette einen Tropfen Tinte in die Flasche und verfolgen Sie den Weg des Tropfens.

DAS PASSIERT!

Zunächst scheinen sich Öl und Wasser zu vermischen. Nach einigen Minuten bilden die beiden Flüssigkeiten dann wieder zwei getrennte Schichten, wobei sich das Öl immer oberhalb des Wassers sammelt.
Der Tintentropfen behält auf seinem Weg durch das Öl seine Tropfenform und sinkt langsam nach unten bis zur Wasserschicht. Im Wasser löst er sich auf und verfärbt das Wasser.

FORSCHERWISSEN:

Öl und Wasser stoßen sich gegenseitig ab und vermischen sich deshalb nicht. Oben sammelt sich das leichtere Öl, unten das schwerere Wasser. Der Tintentropfen besteht aus einem in Wasser aufgelösten Farbstoff. Da er sich mit dem Öl nicht vermischen kann, sinkt er als Tropfen durch die Öl-schicht hindurch. Sobald er in die Wasserschicht eintaucht, vermischt sich der farbige Tropfen mit dem Wasser.

EXPERIMENTIEREN UND BEOBACHTEN

Materialien: je Forscher eine Plastikflasche (mit Verschluss), Wasser, Speiseöl, Pipette, Tinte oder Lebensmittelfarbe;

1–4 Forscher
1 Forscherassistent

Wo ist denn der Tropfen hin?

Elemente: Erde, Wasser, Luft und Feuer

Kann Luft bremsen?

AUSPROBIEREN UND SPIELEN

Materialien: für jeden Mitspieler ein großes Stück Pappe (ca. 40 x 60 cm);

2–20 Mitspieler

Ich bin am schnellsten!

SO GEHTS:
1. Jeder Mitspieler bekommt ein Stück Pappe und hält es mit beiden Händen so vor seinen Bauch, dass er von der Pappe bedeckt ist. Nun kann das Wettrennen starten. Was fällt auf?
2. Bei der nächsten Runde halten die Kinder den Karton mit der Seitenkante nach vorne. Wie unterscheidet sich dieses Rennen von dem ersten?

DAS PASSIERT!
Wird der Karton frontal vor den Bauch gehalten, spüren die Kinder einen Druck, und das Laufen fällt schwer. In der zweiten Runde können sie schneller und leichter laufen.

FORSCHERWISSEN:
Wenn man die Pappe durch die Luft bewegt, erfährt sie einen Widerstand, denn die Luft muss vor der Pappe zur Seite entweichen. Die Kinder werden beim Laufen durch den so entstehenden Luftwiderstand gebremst. Der Widerstand ist umso größer, je schneller sie laufen und je größer die Fläche ist, an der die Luft vorbeiströmen muss. Deshalb merken die Kinder keinen Widerstand, wenn sie beim Laufen die schmale Seite des Kartons nach vorne richten. Das ist auch der Grund, warum Rennwagen vorn flach zulaufen.

VARIANTE: Die Kinder fahren mit dem Fahrrad oder sausen im Winter mit einem Schlitten einen Berg hinunter. Einige beugen sich vor, andere fahren aufrecht sitzend.
Die Kinder, die sich – wie ein Rennradfahrer – nach vorn beugen, kommen leichter und schneller voran, denn dann ist der Luftwiderstand geringer.

4–6 Jahre

Ein schwebender Ballon

Basteln Sie mit Ihrem Kind einen kleinen „Heißluftballon".

SO GEHTS:
1. Der Pappstreifen wird zu einem Ring zusammengeklebt, der so groß ist, dass die Austrittsöffnung des Föns hineinpasst.
2. Nun wird die Mülltüte an der offenen Seite an den Ring getackert.
3. Mit dem Fön wird jetzt warme Luft durch den Ring in die Tüte geblasen.
4. Der Fön wird ausgestellt und die Tüte losgelassen.

DAS PASSIERT!
Der Ballon bläht sich auf und steigt in die Höhe.

FORSCHERWISSEN:
Heiße Luft ist leichter als kalte Luft und steigt deshalb nach oben. Der Fön bläst ganz viel Luft in die Tüte, daher bläht sie sich auf. Und weil diese Luft heißer ist als die Luft der Umgebung, bekommt die Tüte Auftrieb. Der Ballon fliegt, weil der Auftrieb größer ist als sein Gewicht. Der Wind transportiert den Ballon weiter. Da der Fön vor dem Loslassen der Tüte ausgeschaltet wird, bringt nicht der Luftstrom des Föns, sondern die Wärme der Luft den Ballon zum Fliegen.
Bei den großen Heißluftballons können die Fahrer die Luft im Inneren mit einem Gasbrenner erhitzen und warm halten.

BASTELN UND BEOBACHTEN
Materialien: dünne Mülltüte, Streifen aus Pappe (ca. 5 cm breit), Fön, Klebeband, Tacker;

1 Forscher
1 Forscherassistent

Elemente: Erde, Wasser, Luft und Feuer

Feuerlöscher

EXPERIMENTIEREN UND BEOBACHTEN

Materialien: Kerze, Glasschale (größer als die Kerze), Essig, Backpulver (Soda), Löffel, Streichhölzer oder Stabfeuerzeug;

1 Forscher
1 Forscherassistent

Löschen Sie die Flamme einer Kerze und entdecken Sie dabei eine Löschtechnik der Feuerwehr.

SO GEHTS:

1. Stellen Sie die Kerze in die Glasschale und befüllen Sie den Boden mit Backpulver.
2. Zünden Sie die Kerze an und träufeln Sie mit dem Löffel Essig auf das Backpulver. Beobachten Sie, was passiert.

DAS PASSIERT!

Das Essig-Backpulver-Gemisch beginnt zu schäumen, die Flamme erlischt und lässt sich auch nicht wieder anzünden.

FORSCHERWISSEN:

Essig und Backpulver vermischen sich und dabei entsteht das Gas Kohlendioxid. Da dieses Gas schwerer als Luft ist, sammelt es sich unten in der Glasschale und verdrängt dabei den Sauerstoff, den die Kerze zum Brennen braucht. Daher geht die Kerze aus, sobald das Kohlendioxid die Höhe der Flamme erreicht hat. Das unsichtbare Gas verhindert auch, dass die Kerze wieder angezündet werden kann, solange es noch in der Schale ist.
Ähnlich funktioniert auch ein Feuerlöscher. Der Schaum enthält Kohlendioxid, der das Feuer erstickt.

Weiße Schlangen

Beobachten Sie den Rauch einer ausgepusteten Kerze, bis er sich auflöst.

SO GEHTS:
1. Zünden Sie die Kerze an, lassen Sie sie einen Augenblick brennen und pusten Sie die Kerze wieder aus. Beobachten Sie, was passiert.
2. Halten Sie ein brennendes Feuerzeug in den Rauch. Was geschieht?

DAS PASSIERT!
Die Flamme erlischt, Rauch entsteht und windet sich wie eine Schlange in die Luft. Wird ein brennendes Feuerzeug in den Rauch gehalten, ist die Kerze sofort wieder angezündet. Es scheint, als ob die Flamme des Feuerzeugs zum Kerzendocht „gezogen" wird.

FORSCHERWISSEN:
Durch die Hitze der Flamme schmilzt das Kerzenwachs. Es wird flüssig, vom Kerzendocht nach oben gesaugt und schließlich so stark erhitzt, dass es gasförmig wird. Unterhalb der Flamme verbrennt dann das Wachs.
Pustet man auf die Flamme, wird die heiße Luft vom Kerzendocht fortgeweht und kühlt dadurch ab. Die Flamme erlischt. Dabei verdampft für kurze Zeit noch weiteres Wachs, ohne aber zu verbrennen, und die Kerze „raucht" für einen Moment. In Wirklichkeit ist der Rauch also Kerzendampf.
Diese Wachsdämpfe sind noch brennbar. Wenn nun ein Feuerzeug in den Dampf gehalten wird, brennt die Kerze sofort wieder.

4–6 Jahre

BEOBACHTEN
Materialien: je Forscher eine Kerze, Streichhölzer oder Stabfeuerzeug;

1–5 Forscher
1 Forscherassistent

Tiere: Winzig klein und riesengroß

Die kleine Raupe

SAMMELN UND BEOBACHTEN

Materialien: kleines Aquarium oder Terrarium (evtl. auch sehr großes Gurkenglas); Erde, Äste, Stöcke, Brennnesseln, Handschuhe;

1–4 Forscher
1 Forscherassistent

Dieses Experiment zeigt die Metamorphose, also die vollständige Verwandlung vom kleinen Ei zum Schmetterling. Da sich die Beobachtungen über einen längeren Zeitraum hinziehen, sollten die Forscher ein bisschen Geduld mitbringen.

SO GEHTS:

1. Verteilen Sie in einem möglichst großen Glasbehälter etwas Erde, kleine Äste und Stöcke sowie Brennnesseln.
2. Dann suchen Sie mit den Kindern nach Raupen. Halten Sie nach Brennnesseln Ausschau, in ihrer Nähe finden sich meist jede Menge Raupen. Im Juli sind viele von ihnen bereits aus den kleinen Eiern geschlüpft.
3. Sammeln Sie die Krabbler am besten mitsamt der Brennnessel ein (Handschuhe!) und legen Sie sie vorsichtig in das Glas.
4. Jetzt müssen die Raupen täglich mit Brennnesseln gefüttert werden. Mit einer Lupe können die Kinder z. B. genau beobachten, wie die Raupen mit den scharfen Schneidekanten ihrer Kiefer die Brennnesselblätter abnagen, wie sie wachsen und wie sie sich häuten.

DAS PASSIERT!

Nach einiger Zeit suchen sich die Raupen ein Plätzchen zum Verpuppen. Viele Arten hängen sich kopfüber an einen Stängel. Dann häuten sie sich zum letzten Mal. Darunter kommt die Puppe zum Vorschein. Anfangs ist die Puppenhülle noch weich, wird aber in einigen Stunden hart.
Und jetzt heißt es wieder: warten! Meist dauert es etwa zwei Wochen, dann öffnet sich die Puppenhülle, und der Schmetterling schlüpft heraus. Wenn man genau hinsieht, kann man aber schon ein wenig die Flügel durch die Hülle erkennen, bevor dann die Puppe platzt und sich schließlich in einen Schmetterling verwandelt. Anfangs sind die Flügel noch zusammengedrückt. Aber bald entfaltet der Schmetterling seine ganze Schönheit.
Jetzt müssen alle Schmetterlinge unbedingt wieder in die Freiheit zurück! Stellen Sie das Glas auf den Balkon, in den Garten oder auf eine Waldlichtung und beobachten Sie regelmäßig, was passiert.

4–6 Jahre

FORSCHERWISSEN:

Die Verwandlung vom Ei über Raupe und Puppe zum Schmetterling nennt man Metamorphose. Schmetterlinge legen Eier und kleben diese meist auf oder unter das Blatt einer Pflanze, die später den geschlüpften Raupen als Nahrung dient. Das Schlüpfen dauert je nach Schmetterlingsart, Jahreszeit und Klima unterschiedlich lang, meist aber zwischen ein und zwei Wochen. Nun frisst sich die Raupe satt, dadurch wird sie größer und dicker. Aus diesem Grund muss sie sich mehrmals häuten. Die Raupe frisst deshalb so viel, weil sie als Puppe keine Nahrung mehr zu sich nehmen kann, während dieser Zeit aber Energie für ihre Verwandlung zum Schmetterling braucht.
Nach einigen Wochen verwandelt sich die Raupe in eine Puppe. Diese hängt meist an einem Zweig. Im Inneren der Puppe wird die Raupe allmählich zum Schmetterling. Die Verwandlung dauert zwischen einer Woche und mehreren Monaten. Dann schlüpft der fertige Schmetterling, entfaltet bald darauf seine Flügel und flattert los.

Schmetterlinge gehören zu den Insekten. Manche von ihnen leben nur wenige Tage, andere mehrere Monate. Schmetterlingsflügel sind mit Schuppen besetzt und sehr empfindlich. Man sollte sie auf keinen Fall berühren, denn dann werden diese Schuppen beschädigt, und die Schmetterlinge können nicht mehr fliegen.

Tiere: Winzig klein und riesengroß

Schmetterlingsblüten

Haben Sie schon einmal beobachtet, wie Schmetterlinge Blütensaft saugen? Locken Sie die flatternden Insekten mit selbst gebastelten Blumen an. Aber Vorsicht: Es können auch ungebetene Gäste wie z. B. Wespen vom Honigwasser angelockt werden!

BASTELN UND BEOBACHTEN

Materialien: große Trinkhalme, farbige oder selbst bemalte dünne Pappe, Schere, dünner Draht, Honig, Wasser;

1–4 Forscher
1 Forscherassistent

SO GEHTS:
1. Knicken Sie das untere Ende des Trinkhalms um und umwickeln Sie es sorgfältig mit Draht, bis das Röhrchen unten abgedichtet ist.
2. Nun können Blüten auf die Pappe gemalt und ausgeschnitten werden.
3. In die Mitte der Blüte wird ein kleines Loch oder ein Kreuz geschnitten, durch das der Halm mit dem offenen Ende gesteckt wird. Dieses Ende ragt nur ein wenig über den Blütenkopf hinaus.
4. Nun mischt man Honig mit Wasser, bis er sich aufgelöst hat.
5. Dieses Honigwasser wird jetzt vorsichtig bis zum oberen Rand in den Trinkhalm gegossen.
6. Dann werden die selbst gemachten Blumen in den Garten oder den Balkonkasten „gepflanzt" und in den kommenden Tagen immer mal wieder mit etwas Honigwasser aufgefüllt.

DAS PASSIERT!
Bald landen Schmetterlinge oder andere Insekten auf den Blüten.

FORSCHERWISSEN:
Blumen brauchen Schmetterlinge oder andere Insekten, damit ihre Pollen zu anderen Blumen übertragen werden. Sie locken die Schmetterlinge durch ihre auffällig gefärbten Blüten oder den süßen Duft ihres Nektars an. Während die Schmetterlinge den Nektar mit ihrem Rüssel einsaugen, werden sie mit den Pollen überpudert. Fliegen sie zur nächsten Blüte, bleiben die Pollen dort hängen – die Blüte wird bestäubt.
Da Schmetterlinge ständig auf der Suche nach süßer Nahrung sind, werden sie auch von dem Honig in den künstlichen Blumen angelockt.

Ein dickes Fell

Wie schützen sich viele Tiere vor der Kälte im Winter? Zeigen Sie den Kindern mit diesem Experiment, dass Luft wärmt.

SO GEHTS:
1. Einer der Joghurtbecher wird in das Glas gestellt.
2. Nun wird der Raum zwischen dem Becher und dem Glas mit Daunen oder Wolle „ausgekleidet".
3. Dann füllt man beide Becher zu drei Vierteln mit warmem Wasser.
4. Jetzt kann in bestimmten Zeitabständen die Temperatur des Wassers in den beiden Bechern gemessen und verglichen werden.

DAS PASSIERT!
Die Wassertemperatur des Bechers, der sich im Glas befindet, sinkt langsamer.

FORSCHERWISSEN:
In den Daunen und der Wolle ist Luft gespeichert, die isolierend wirkt. Darum wird kaum Wärme nach außen geleitet. Aus diesem Grund behält der Joghurtbecher in dem gepolsterten Glas länger die Wasserwärme.
So geht es auch den Tieren im Winter: Ihr dickes Winterfell oder ihre flauschigen Federn schützen sie vor der Kälte.
Wir Menschen halten uns durch Winterkleidung warm. Dabei haben wir uns vieles von der Tierwelt abgeschaut. Ein Beispiel sind Daunenjacken: Zwischen den feinen Daunen befindet sich – wie bei dem Federkleid eines Vogels – viel wärmende Luft.

Meine Federn halten mich auch schön warm!

4–6 Jahre

EXPERIMENTIEREN
Materialien: 2 Joghurtbecher, Glas, in das der Joghurtbecher gut hineinpasst, warmes Wasser (ca. 40 °C), Wollreste, Daunen, Badewannenthermometer;

1–4 Forscher
1 Forscherassistent

Tiere: Winzig klein und riesengroß

SAMMELN UND BEOBACHTEN

Materialien: großes Gurkenglas, Erde, kleine Äste, morsches Holz; Sprühflasche, Klarsichtfolie, Nadel, 3–4 Schnecken; Schneckenfutter: Salatblätter, Löwenzahn, Spinat;
für die Variante: 2 Teller, Zuckerlösung, Zitronensaft;

1–4 Forscher
1 Forscherassistent

Tiere mit eigenem Haus

Tiere beobachtet man am besten in ihrer natürlichen Umgebung. Das gilt auch für Schnecken. Aber für einige Tage kann man durchaus ein Schneckenterrarium anlegen, um diese faszinierenden Tiere besser kennenzulernen.

SO GEHTS:

1. Der Boden des Glases wird mit Erde ausgefüllt, darüber kommen Äste, morsches Holz und schließlich das Schneckenfutter.
2. Jetzt gehts auf Schneckensuche. Vom Frühling bis zum Spätsommer findet man die langsamen Kriechtiere im Garten, auf Wiesen und am Waldrand. Sehr verbreitet sind bei uns die Bänderschnecken. Ihr Gehäuse ist meist leuchtend gelb oder bräunlich gestreift. Beim Einsammeln sollte man unbedingt darauf achten, die Tiere nicht am Häuschen hochzuheben, da es leicht zerbrechen kann. Bitte achten Sie darauf, dass keine Weinbergschnecken eingesammelt werden. Sie stehen unter Naturschutz.
3. Setzen Sie die Schnecken nun vorsichtig in das Glas.
4. Besprühen Sie das Glas innen vorsichtig mit etwas Wasser aus der Sprühflasche. Die Schnecken lieben es feucht, aber nicht nass.
5. Decken Sie das Glas mit Frischhaltefolie ab. Die Folie wird mit einer Nadel löchrig gestochen, damit die Schnecken Luft bekommen.

Jetzt kann das Beobachten beginnen.

4–6 Jahre

VARIANTE: Geben Sie auf einen Teller Zuckerlösung und auf den anderen ein paar Tropfen Zitronensaft. Setzen Sie eine der Schnecken vorsichtig auf den Teller mit der Zuckerlösung, dann kurz zum Zitronensaft.
Jetzt muss die Schnecke unbedingt wieder zurück in das Glas zu ihrem Futter gesetzt werden. Und nach einigen Tagen werden die Tiere dann möglichst dort, wo sie aufgelesen wurden, wieder freigelassen.

DAS PASSIERT!
Die Schnecken kriechen in wellenartigen Bewegungen am Glas entlang und hinterlassen dabei eine Schleimspur. Man kann beobachten, wie sie mit der Raspelzunge langsam die Blätter fressen. Vielleicht hört man sogar das leise Raspeln! Bei Gefahr zieht sich die Schnecke in ihr Schneckenhaus zurück. Die Schnecke, die neben der Zuckerlösung sitzt, wird wahrscheinlich nach kurzer Zeit etwas davon kosten. Der Zitronensaft ist weniger beliebt. Die Schnecke wird ihre Abneigung schnell deutlich machen: durch Aufbäumen, indem sie sich in ihr Haus zurückzieht oder den Rückweg antritt.

FORSCHERWISSEN:
Viele Schnecken leben an Land, andere im salzigen Meer oder im Süßwasser. Ihr weicher Körper hat kein Skelett. Deswegen schützen sie ihn mit ihrem Schneckenhaus aus Kalk. Nacktschnecken allerdings haben kein Haus. Wenn sie sich bedroht fühlen, ziehen sie ihren Körper fest zusammen und sondern einen unangenehmen, sauren Schleim ab.
Schnecken können ohne Beine kriechen, indem sie sich wellenförmig fortbewegen. Kriechen sie am Glas entlang, fallen helle und dunkle Streifen an der Fußsohle auf. An den dunklen Stellen hat die Schnecke festen Kontakt mit der Glasfläche, an den hellen Flecken ist der Schneckenfuß abgehoben. Mit ihrem abgesonderten Schleim schützt sich die Schnecke vor Verletzungen. So machen ihr selbst spitze Steine nichts aus.
Schnecken haben zwei Paar Fühler am Kopf, die sie einzeln bewegen können. Beim genauen Betrachten sieht man je einen schwarzen Punkt an den Spitzen der beiden großen Fühler – das sind die Augen. Erschrickt die Schnecke oder stößt sie an ein Hindernis, zieht sie sofort ihre Fühler ein.
Schnecken riechen und schmecken nicht nur mit ihren Lippen und ihren Fühlern, sondern mit ihrem ganzen Körper. Deswegen können sie den süßen Zuckersaft so schnell vom sauren Zitronensaft unterscheiden.

Tiere: Winzig klein und riesengroß

Ist Konrad krank?

VORLESEN UND ERKUNDEN

2–6 Mitspieler

Lesen Sie Ihrem Kind die Geschichte vor und überlegen Sie dann gemeinsam, welche Haustiere sich wohlfühlen, auch wenn sie ohne weitere Artgenossen bei uns Menschen leben. So können z. B. Hunde oder Katzen gut auf einen weiteren Vierbeiner verzichten, wenn die Menschen sich stets um sie kümmern. Andere Tiere wie z. B. Kaninchen oder Papageien sollte man aber möglichst nicht einzeln halten. Stöbern Sie gemeinsam in Tierbüchern nach weiteren Informationen.

Seit einigen Tagen ist Konrad traurig. Er sitzt ganz ruhig auf seiner Stange, frisst kaum noch etwas und rupft immer wieder seine Federn. „Ist Konrad krank?", will Marie wissen. „Vielleicht", sagt Mama. „Ich werde heute mal bei Dr. Gebhard anrufen." Dr. Gebhard ist Tierarzt, der kann Konrad bestimmt helfen.

Später fahren alle zusammen mit Konrad zum Tierarzt, denn der hat zu Mama gesagt, dass er Konrad untersuchen möchte. Die Kinder sitzen hinten im Auto und haben Konrads Transportkäfig auf dem Schoß. Papa hat eine Decke über den Käfig gelegt, damit es Konrad nicht zu kalt wird.

Beim Tierarzt müssen sie sich ins Wartezimmer setzen. Lena krabbelt auf Mamas Schoß. Marie hält Konrads Käfig ganz fest. Und Jonas betrachtet all die anderen Tiere im Wartezimmer: Eine Frau hat einen Karton vor sich stehen mit vier tapsigen Hundebabys und der Hundemama. Ein Junge hat einen Katzenkorb auf dem Schoß. Die dicke, rote Katze darin faucht, als Jonas in die Box schaut. Die Meerschweinchen sind sehr neugierig. Sie beschnuppern Jonas' Hand durch den Käfig.

Endlich sind sie an der Reihe. Mama holt Konrad aus dem Käfig und lässt ihn auf ihrer Hand sitzen. So kann sich Dr. Gebhard seinen Patienten ganz genau ansehen. Er guckt ihm in die Augen, in den Schnabel, befühlt seinen Bauch und betrachtet seine Federn.

„Konrad ist gesund, aber ich glaube, er hat großen Kummer – er fühlt sich allein." „Aber wir sind doch immer bei ihm!", ruft Marie. „Ja, das ist auch sehr schön," sagt Dr. Gebhard. „Deswegen ging es ihm bisher

auch so gut bei euch, aber mittlerweile ist er erwachsen und wünscht sich einen Artgenossen. Denn Papageien leben gern mit anderen Papageien zusammen."

Mama und Papa schauen sich etwas ratlos an. „Heißt das, wir sollten noch einen Papagei bei uns aufnehmen?" Der Arzt nickt: „Ja, das wäre wohl das Beste. Sonst könnte es sein, dass Konrad noch richtig krank wird."
„Ich weiß was, ich weiß was!", ruft Jonas. „Wir können doch ein Hundebaby mitnehmen. Dann kann Konrad mit ihm spielen und wird wieder gesund!" Dr. Gebhard lacht: „Dann wäre bei euch zu Hause bestimmt immer etwas los. Aber ich glaube, Konrad braucht tatsächlich einen anderen Papagei, keinen Hund." „Schade", brummelt Jonas. Die Hundebabys haben ihm so gut gefallen!
„Mmmh", überlegt Dr. Gebhard. „Gestern hatte ich einen ähnlichen Fall. Klara heißt die Papageiendame. Auch sie ist traurig und allein. Außerdem wollen ihre Besitzer auswandern und suchen ein neues Heim für Klara. Vielleicht verstehen sich die beiden ja?"

Schon am nächsten Tag kommt Klara. Ihre Besitzer stehen mit einem großen Papageienkäfig vor der Tür. Alle sind sehr aufgeregt. Konrad sitzt immer noch traurig auf seiner Stange. Doch als Mama den Käfig neben ihn stellt, hebt er plötzlich seinen Kopf und stößt einen lauten Schrei aus. „War das nun Angst, Wut oder Freude?", fragt Papa. Die Antwort gibt Konrad selbst. Er fliegt auf Klaras Käfig und steckt seinen Schnabel vorsichtig durch das Gitter. Und Klara macht es ihm nach. „Huch, sie haben sich einen Kuss gegeben!", ruft Jonas. „Ja, es sieht beinahe so aus", lacht Mama. „Da haben wir Glück gehabt, dass die beiden sich direkt mögen!" „Jetzt wird Konrad wieder gesund!", freut sich Marie und gibt ihrer kleinen Schwester Lena aus lauter Übermut einen ganz dicken Kuss.

(Ute Diehl)

Farben: Ganz schön bunt

Unsichtbare Tinte

EXPERIMENTIEREN UND BEOBACHTEN

Materialien: Zitrone, Pinsel, saugfähiges Papier, Bügeleisen oder warme Glühlampe;

1–4 Forscher
1 Forscherassistent

SO GEHTS:
1. Die Zitrone wird aufgeschnitten und ausgepresst.
2. Mit dem Zitronensaft wird eine Botschaft auf das Blatt gepinselt.

DAS PASSIERT!
Die Zitronenschrift ist unsichtbar. Wenn man nun aber das Blatt an eine brennende Glühlampe hält oder mit einem heißen Bügeleisen bügelt, erscheint – leicht bräunlich – die Botschaft.

FORSCHERWISSEN:
Der Zitronensaft enthält Kohlenstoff. Wird der Zitronensaft heiß, dann löst sich der Kohlenstoff, verbrennt und wird dabei braun.

Wasserzeichen

BASTELN UND BEOBACHTEN

Materialien: Schüssel mit Wasser, glatte Unterlage (z. B. Holzbrett), 2 Blatt Papier, Bleistift oder Kugelschreiber;

1–4 Forscher
1 Forscherassistent

SO GEHTS:
1. Ein Blatt Papier wird ins Wasser getaucht, danach auf einer glatten Unterlage glatt gestrichen.
2. Auf das nasse Blatt wird ein trockenes Papier gelegt.
3. Nun wird mit dem Stift so fest auf das trockene Papier gemalt, dass sich die Schrift auf das nasse Papier durchdrückt.
4. Das nasse Blatt Papier wird getrocknet.

DAS PASSIERT!
Nur wenn man das Blatt nach dem Trocknen wieder ins Wasser taucht, wird die Botschaft – gegen das Licht gehalten – sichtbar.

FORSCHERWISSEN:
Beim Schreiben werden die nassen Papierfasern zusammengedrückt. Dieser Abdruck ist beim getrockneten Papier aber nicht mehr erkennbar. Macht man das Papier wieder nass, sieht man die Abdrücke als Wasserzeichen. Die zusammengepressten Fasern lassen weniger Licht hindurch.

4–6 Jahre

Bunte T-Shirts

Betätigen Sie sich doch einmal mit Ihrem Kind als Modedesigner!

SO GEHTS:
Rühren Sie die Farbe nach der Anweisung an. Nun kann Ihr Kind einzelne Stoffzipfel des T-Shirts fest mit einer Schnur umwickeln und – mit Ihrer Hilfe – fest verknoten. Ab damit in die Farbe und schön umrühren!

DAS PASSIERT!
Sie können nun gemeinsam beobachten, wie das T-Shirt Farbe annimmt. Nach zehn bis dreißig Minuten (je nach Anleitung auf der Packung) wird es mit klarem, kaltem Wasser gut ausgespült. Die Bänder werden entfernt und dann folgt ein weiterer Spülgang. Jetzt können Sie die tollen Batikmuster auf dem T-Shirt bewundern!

FORSCHERWISSEN:
Das T-Shirt wird von der Farbe gefärbt, zeigt aber hier und da weiße, kreisförmige Muster. Sie sind durch das Abbinden mit der Schnur entstanden. Dort erreicht die Farbe den Stoff gar nicht oder nur ganz wenig. Das T-Shirt bleibt an diesen Stellen also hell.

VARIANTE: Sie können auch einfach den auf Seite 88 beschriebenen Kartoffelstempel mit Stoffmalfarben bestreichen und damit auf ein helles T-Shirt stempeln. Lassen Sie die Farbe dann nach der Anweisung trocknen.

AUSPROBIEREN
Materialien: weiße, gewaschene T-Shirts, Batikfarbe (Bastelbedarf), alter Eimer, langer Holzlöffel oder Stiel, Schnur oder dünne Kordel, alte Kleidung oder Schürzen;

1–2 Forscher
1 Forscherassistent

Ich bin schon bunt!

Farben: Ganz schön bunt

Muster im Kaleidoskop

BASTELN UND BEOBACHTEN

Materialien: Wellpappe (20 x 12 cm), Tonpapier, Spiegelfolie (Bastelbedarf), Schere, Klebestift, Paketklebeband, kleines durchsichtiges Döschen (Bastelbedarf, Durchmesser 4 cm), bunte Perlen, beidseitig klebendes Teppichklebeband (Baumarkt);

1–2 Forscher
1 Forscherassistent

SO GEHTS:

1. Schneiden Sie die Wellpappe zu.
2. Aus der Spiegelfolie schneiden Sie jetzt drei gleich große Stücke (je 20 x 4 cm) und kleben diese nebeneinander auf die Wellpappe.
3. Falten Sie die Wellpappe so zu einer dreieckigen Röhre, dass sich die Spiegelfolie innen befindet.
4. Kleben Sie die noch offene Längsseite mit Paketklebeband zusammen.
5. Geben Sie so viele bunte Perlen in das Döschen, dass sie sich beim Schütteln locker bewegen können.
6. Umwickeln Sie den Rand des Döschens mit Teppichklebeband und stülpen Sie die Dreiecksröhre darüber. Die Dose muss nun so eng an den drei Seiten der Röhre liegen, dass der Kleber haftet. Sollte das Döschen zu klein sein, wickeln Sie weitere Lagen Kleber herum.
7. Aus dem Tonpapier schneiden Sie jetzt ein Dreieck mit drei gleich langen Seiten (ca. 5 cm). In die Mitte stechen Sie ein maximal 1 cm großes Guckloch. Dieses Dreieck wird nun am anderen Ende der Röhre festgeklebt – und schon ist das Kaleidoskop fertig!

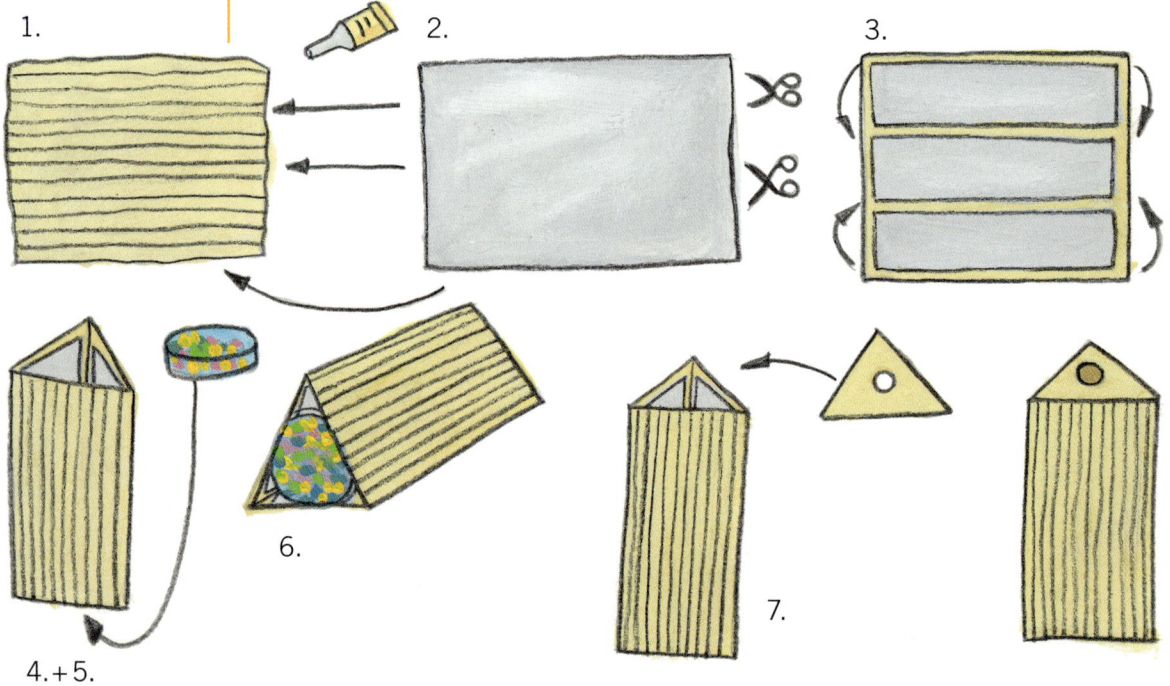

4–6 Jahre

DAS PASSIERT!
Wenn Ihr Kind durch das Kaleidoskop ins Licht schaut und das Kaleidoskop dabei bewegt, wird es immer wieder neue, gleichmäßige Muster entdecken.

FORSCHERWISSEN:
Im Kaleidoskop trifft das Licht auf die glänzenden Spiegelfolien. Dabei wird es zurückgeworfen. Die drei Flächen mit der Spiegelfolie sind so angeordnet, dass das zurückgeworfene Licht auf die zwei anderen Flächen fällt. Darum spiegeln sich die unterschiedlich farbigen Perlen im durchsichtigen Döschen mehrfach in der Spiegelfolie. Dabei entstehen symmetrische Figuren, die sich durch Drehen oder Schütteln ständig verändern.

Welches sind deine Lieblingsfarben?

Schall: Hör doch mal!

KLANGSPIEL

Materialien: Löffel ganz aus Metall, Schnur (ca. 1 m lang);

1–2 Forscher
1 Forscherassistent

Ein singender Löffel

Bringen Sie gemeinsam einen Löffel zum Singen und lauschen Sie den Klängen.

SO GEHTS:

1. Binden Sie die Mitte der Schnur – wie abgebildet – um den Löffel. Wickeln Sie jeweils ein Schnurende um einen Zeigefinger Ihres Kindes.
2. Ihr Kind steckt sich anschließend beide Zeigefinger in die Ohren. Der Löffel sollte dabei frei hängen. Schlagen Sie den Löffel nun vorsichtig an einen festen Gegenstand wie z. B. einen Stuhl oder eine Wand. Lassen Sie den Löffel gleich danach wieder los.
3. Was kann Ihr Kind hören?

DAS PASSIERT!

Ihr Kind kann ein lautes, glockenähnliches Läuten hören.

FORSCHERWISSEN:

Schlägt man den Löffel an einen Gegenstand, versetzt man ihn dadurch in Schwingung, das Metall vibriert. Diese Schwingungen werden nicht – wie beim Schlauchtelefon – durch die Luft übertragen, sondern über den Faden und die Finger direkt zum Trommelfell geleitet. Schall breitet sich nicht nur in der Luft, sondern auch in festen Stoffen aus.

Hörspiel mit Schachteln

Mit diesem Hörspiel wird nicht nur die Merkfähigkeit der Kinder, sondern auch das genaue Hinhören trainiert.

VORBEREITUNG:
1. Sammeln Sie gemeinsam mit Ihrem Kind die unterschiedlichsten Gegenstände aus Natur und Haushalt. Die einzige Vorgabe ist, dass sie nicht größer als ein Eincentstück sein sollten.
2. Füllen Sie in jeweils zwei Streichholzschachteln oder Filmdöschen denselben Inhalt.

SO GEHTS:
Nun beginnt das Spiel. Mischen Sie alle Streichholzschachteln oder Döschen durch und legen Sie diese ordentlich nebeneinander. Der jüngste Spieler beginnt. Er darf sich zwei Schachteln aussuchen, die er in die Hand nimmt und kurz schüttelt. Hört es sich gleich an? Der Spieler darf vorsichtig in die beiden Schachteln schauen. Sind sie mit demselben Material gefüllt? Sehr gut! Dann darf er die beiden Schachteln vor sich abstellen und ein weiteres Paar suchen.

Waren die beiden Schachteln nicht mit demselben Inhalt gefüllt, wandern sie zurück zu den anderen Schachteln, und der nächste Spieler ist an der Reihe. Sieger ist, wer am Schluss die meisten Paare „erschüttelt" hat!

SPIELEN
Materialien: ca. 10 Streichholzschachteln (oder Filmdöschen);
Füllmaterialien: z. B. Reis, Nudeln, Sand, kleine Steinchen, Blätter, Eincentstücke;

2 Mitspieler

Kannst du es auch hören?

Schall: Hör doch mal!

Warum haben wir zwei Ohren?

WAHRNEHMEN

Material: Halstuch;

1–4 Forscher
1 Forscherassistent

SO GEHTS:

1. Verbinden Sie Ihrem Kind mit einem Halstuch die Augen. Zusätzlich soll es sich ein Ohr zuhalten.
2. Bewegen Sie sich leise im Raum und machen Sie sich nach einer kurzen Zeit bemerkbar, indem Sie z. B. „Piep" sagen.
3. Ihr Kind soll in die Richtung deuten, aus der seiner Meinung nach das Geräusch kommt. Wie oft liegt Ihr Kind richtig?

VARIANTE: Wiederholen Sie den Versuch. Diesmal darf Ihr Kind zum Hören beide Ohren nutzen.
Was ist Ihrem Kind leichter gefallen?

DAS PASSIERT!

Solange sich Ihr Kind ein Ohr zuhält, wird es ihm wahrscheinlich schwer fallen, die genaue Richtung des Geräusches herauszufinden. Mit beiden Ohren geht es dann viel leichter.

FORSCHERWISSEN:

Kommt das Geräusch z. B. von rechts, wird es vom rechten Ohr etwas früher und lauter wahrgenommen als vom linken. Dieser kleine Zeitunterschied reicht aus, um die Richtung, aus der das Geräusch kommt, genau zu bestimmen. Mit zwei Ohren kann man also räumlich hören.

4–6 Jahre

„Flöte" aus Papier

Eine Art Flöte lässt sich ganz einfach selbst basteln.

SO GEHTS:

1. Bohren Sie den Holzspieß in den Korken.
2. Nehmen Sie das Papier hochkant, rollen es um den Korken herum und kleben es seitlich zu. Der Korken sollte genau durch die Röhre passen.
3. Schieben Sie den Korken von unten in die Röhre. Währenddessen pustet das Kind in das andere Ende der Röhre hinein. Es spitzt dabei die Lippen, als würde es in einen Flaschenhals hineinblasen.

DAS PASSIERT!

Es entstehen summende Töne. Sie verändern sich beim Hin-und Herschieben des Korkens.

FORSCHERWISSEN:

Wenn der Korken in der Röhre nahe an der Öffnung ist, in die hineingepustet wird, passt in diesen Freiraum zwischen Korken und Öffnung nur wenig Luft hinein. Schiebt man den Korken nach unten, befindet sich mehr Luft in der Röhre. Beim Pusten wird je nach der Position des Korkens mehr oder weniger Luft zum Schwingen gebracht. Je weniger Luft sich zwischen dem Korken und der oberen Öffnung befindet, desto heller werden die Töne.

BASTELN UND EXPERIMENTIEREN

Materialien: Korken, Holzspieß, etwas festeres Papier (120 g), Klebestreifen;

1–2 Forscher
1 Forscherassistent

Schall: Hör doch mal!

Der Lauscher an der Tür

EXPERIMENTIEREN

Materialien: möglichst großes und dünnwandiges Wasserglas, (Holz-)Tür;

2–4 Forscher
1 Forscherassistent

SO GEHTS:

Zwei Forscher stellen sich auf je eine Seite einer geschlossenen Tür. Nun sagt einer der beiden einen Satz. Der andere versucht, ihn zu verstehen. Danach hält er das Trinkglas mit der Öffnung gegen die Tür und presst sein Ohr an den Boden des Glases. Jetzt wird der Satz in der gleichen Lautstärke wiederholt.

VARIANTE: Eines der Kinder steht auf der anderen Seite der Tür und spricht z. B. zehn verschiedene Wörter leise vor. Das andere Kind muss nun versuchen, mithilfe des Glases diese Wörter zu verstehen. Für jedes richtig gehörte Wort bekommt der „Lauscher" einen Punkt.
Danach werden die Rollen getauscht. Wer hat am meisten Punkte gesammelt?

DAS PASSIERT!

Erstaunlich: Mit dem Glas wird das Gesprochene sehr viel besser gehört.

FORSCHERWISSEN:

Wenn man Geräusche erzeugt, entstehen Schwingungen, die sich ausbreiten. Auch die Gegenstände, auf die die Töne treffen, beginnen zu schwingen.
In unserem Experiment schwingen die Tür und das Glas mit. Das Glas funktioniert dabei so ähnlich wie ein Trichter und fängt die Schwingungen auf. Weil das Glas die Tür berührt, kann man das Gesprochene nun besser hören.

Klingende Lineale

SO GEHTS:

Die Lineale werden so an die Tischkante gelegt, dass sie unterschiedlich weit darüber hinausragen. Halten Sie die Lineale entweder gut fest oder kleben Sie sie mit Klebeband an die Tischkante.
Jetzt bringt Ihr Kind nacheinander alle Lineale mit seinem Daumen oder Zeigefinger zum Schwingen.

DAS PASSIERT!

Sobald ein Lineal zu schwingen beginnt, entsteht ein summender Ton. Die Tonhöhe hängt davon ab, wie lang der Teil des Lineals ist, der über die Tischkante hinausragt.

FORSCHERWISSEN:

Kurze Lineale schwingen schnell. Dabei entsteht ein hoher Ton. Lange Lineale hingegen schwingen deutlich langsamer, und der sich dabei bildende Ton klingt dunkler.
Dieses Linealexperiment zeigt auf ganz einfache Weise, dass bei vielen Musikinstrumenten wie z. B. einer Geige oder Gitarre durch das Schwingen der Saiten Töne entstehen. Dicke Saiten klingen tiefer, denn sie schwingen langsamer als die dünnen Saiten.

4–6 Jahre

EXPERIMENTIEREN

Materialien: mehrere biegsame Lineale aus Kunststoff (jeweils 30 cm lang), Klebeband;

1–4 Forscher
1 Forscherassistent

Technik: Wie geht das?

Was kann ein Magnet?

Magnete sind für Kinder spannende Gegenstände, mit denen sie selbstständig experimentieren können.

EXPERIMENTIEREN UND BEOBACHTEN

Materialien: ein Magnet pro Forscher, Büroklammern, Löffel aus Stahl (magnetisch), Löffel aus Plastik;

1–4 Forscher
1 Forscherassistent

SO GEHTS:
Geben Sie Ihrem Kind einen Magneten. Breiten Sie die Materialien aus. Was passiert, wenn sich Ihr Kind den Dingen mit dem Magneten nähert?

DAS PASSIERT!
Der Magnet hat die Büroklammern angezogen, genauso wie den Löffel aus Metall. Nur bei der Berührung des Plastiklöffels passiert gar nichts.

FORSCHERWISSEN:
Magnete besitzen anziehende Kräfte. Sie können aber nur Dinge aus Metall anziehen, wie z. B. Eisen oder Stahl. Bei Plastik wirken ihre Kräfte nicht.

Eine anziehende Umgebung

EXPERIMENTIEREN UND BEOBACHTEN

Material: Magnet;

1 Forscher
1 Forscherassistent

SO GEHTS:
Lassen Sie Ihr Kind mit dem Magneten im Zimmer herumlaufen. Welche Gegenstände sind magnetisch und lassen sich anziehen? Von welchen Gegenständen wird der Magnet abgestoßen?

FORSCHERWISSEN:
Ein Magnet hat immer zwei Pole – einen Nord- und einen Südpol. Wenn man zwei gleiche Pole aneinanderhält, stoßen sich die Magneten ab. Treffen ein Nord- und ein Südpol aufeinander, ziehen sie sich an.

Aufräumen im Wasserglas

Fordern Sie Ihr Kind mit einem kleinen Rätsel. Lassen Sie es zuerst mit den Materialien probieren. Natürlich dürfen Sie Ihr Kind unterstützen!

SO GEHTS:

1. Stellen Sie das Glas mit Wasser auf den Tisch und geben Sie eine Büroklammer hinein, sodass sie auf den Boden hinabsinkt.
2. Stellen Sie Ihrem Kind einen Magneten, einen Faden und etwas Klebeband zur Verfügung.

3. Wie kann Ihr Kind die Büroklammer aus dem Glas holen, ohne dass die Finger dabei nass werden?
4. Nun soll die Büroklammer aus dem Glas geholt werden, ohne dabei die Finger und den Magneten nass zu machen.

FORSCHERWISSEN:

Für die erste Aufgabe (3.) kann der Magnet in das Wasser getaucht werden. Ist das Glas etwas höher, kann man den Magneten an eine Schnur binden und die Büroklammer herausangeln. So werden die Finger nicht nass.
Bei der nächsten Aufgabe (4.) fährt man mit dem Magneten an der Außenwand des Glases langsam bis zur Büroklammer. Ist der Magnet stark genug, kann er die Büroklammer durch die Glaswand hindurch nach oben ziehen und sie – ohne nass zu werden – herausholen.

4–6 Jahre

AUSPROBIEREN

Materialien: Glas mit Wasser, Büroklammer, starker Magnet, Faden, Klebeband;

1–2 Forscher
1 Forscherassistent

Technik: Wie geht das?

EXPERIMENTIEREN UND BEOBACHTEN

Materialien: 4 Fünfcentstücke;

1–2 Forscher
1 Forscherassistent

Kraft weitergeben

Kinder geraten bei Experimenten, die elastische Stöße vor Augen führen, oft ins Staunen, da der Ausgang des Experiments meist unerwartet ist. Erklären Sie Ihrem Kind zuerst nur den Aufbau des Experiments. Was wird seiner Meinung nach passieren?

SO GEHTS:

1. Legen Sie auf einen glatten Untergrund drei Fünfcentstücke hintereinander in eine Reihe.
2. Schnippen Sie eine vierte Münze genau wie im Bild gezeigt auf die Münzen-Reihe. Was geschieht?

DAS PASSIERT!

Die Münze trifft auf die Reihe und bleibt liegen. Stattdessen bewegt sich die letzte Münze in der Reihe weg, und zwar in derselben Geschwindigkeit, in der die erste Münze auf die Münzreihe aufgetroffen ist. Die übrigen Geldstücke bleiben liegen.

FORSCHERWISSEN:

Man könnte sagen, dass die Geschwindigkeit der ersten Münze auf die letzte Münze „übergeben" wurde. Da alle Münzen gleich schwer sind, erfolgt beim elastischen Stoß eine 1:1-Übertragung der Kraft.

VARIANTE: Treffen unterschiedlich große Geldstücke aufeinander, ändert sich die Geschwindigkeit: Trifft eine kleine auf eine große Münze, bewegt sich die große Münze langsamer. Trifft eine große auf eine kleine, rutscht die kleine viel schneller weg als zuvor die große Münze.

So baut man einen Kompass

Mit einem Kompass kann man herausfinden, in welcher Richtung Norden und Süden liegen, und sich so nicht mehr verlaufen. Einen ganz einfachen Kompass zur Bestimmung der Himmelsrichtungen kann man zu Hause leicht nachbauen.

SO GEHTS:
1. Schneiden Sie gemeinsam aus dem Kork ein rundes Stück heraus, das etwa so groß wie ein Zweieurostück ist.
2. Lassen Sie Ihr Kind etwa 15- bis 20-mal mit dem Magneten immer in einer Richtung vom Ende bis zur Spitze über die Nadel reiben. So wird aus der Nadel ein Magnet.
3. Kleben Sie die Nadel vorsichtig mit Klebeband auf dem Kork fest.
4. Der Forscherassistent legt den Stein am Rand der Schüssel ab und zwar dort, wo Norden ist. Das sollte der Forscherassistent wissen.
5. Legen Sie nun die Nadel mit dem Kork in die mit Wasser gefüllte Schüssel.

DAS PASSIERT!
Die Nadel zeigt immer in Nord-Süd-Richtung.

FORSCHERWISSEN:
Die Erde selbst ist wie ein riesiger Magnet mit einem Nord- und einem Südpol. Daher richten sich magnetische Kompassnadeln immer in Nord-Süd-Richtung aus.

4–6 Jahre

BAUEN UND AUSPROBIEREN
Materialien: Nähnadel, Stück Kork, starker Magnet, Klebeband, Stein, Schüssel mit Wasser;

1–2 Forscher
1 Forscherassistent

Technik: Wie geht das?

Wie fest ist Papier?

AUSPROBIEREN

Materialien: mehrere Blatt Papier, Spielzeugautos, 2 Bücherstapel;

1–4 Forscher
1 Forscherassistent

Papier kennen wir alle vom Malen und Basteln. Es ist nicht besonders fest und man kann es leicht biegen. Setzt man Papier jedoch richtig ein, kann es eine Menge Last tragen.

In der folgenden Aufgabe soll aus einem Blatt Papier eine Brücke gebaut werden. Diese Brücke muss so stabil sein, dass ein Spielzeugauto sie von einer Seite zur anderen überfahren kann, ohne dass sie dabei einklappt.

SO GEHTS:

1. Bauen Sie gemeinsam mit Ihrem Kind zwei gleich hohe Bücherstapel auf.
2. Legen Sie das Blatt als Brücke auf die Bücher. Kann das Auto hinüberfahren ohne abzustürzen?
3. Falten Sie das Blatt einmal in der Mitte zusammen und knicken Sie an beiden Seiten die Ränder nach oben.

4. Wie kann man das Blatt noch falten, sodass eine stabile Brücke entsteht, die vielleicht sogar zwei oder drei Autos tragen kann?

DAS PASSIERT!

Das ungefaltete Papier verbiegt sich sofort und kann keine Last tragen. Mit dem gefalteten Papier kann man eine stabile Brücke bauen, die einer Überfahrt standhält. Faltet man das Papier längs wie eine Ziehharmonika, wird die Papierbrücke noch etwas stabiler.

FORSCHERWISSEN:

Je öfter man das Blatt faltet, umso steifer und stabiler wird es.
Es knickt bei Belastung kaum ein.

Wie fliegt eine Rakete?

Ein Raketenstart ist immer eine spektakuläre Angelegenheit. Auch bei dieser selbst gebauten Rakete kann man ins Staunen geraten.

SO GEHTS:
1. Schneiden Sie einen Strohhalm in der Mitte durch und fädeln Sie beide Teile des Trinkhalms auf die Schnur.
2. Spannen Sie die Schnur etwa auf Brusthöhe straff durch das Zimmer.
3. Kleben Sie den Ballon mit Klebeband fest an die Trinkhalmhälften.

Das ist lustig anzusehen!

4. Bitten Sie Ihr Kind, den Ballon aufzublasen. Halten Sie den Luftballon dabei gut fest.
5. Nun wird der Ballon losgelassen.

DAS PASSIERT!
Der Ballon dreht sich und rutscht entlang der Schnur vom einen zum anderen Ende.

FORSCHERWISSEN:
Beim Aufpusten dehnt sich der Ballon aus. Wird er losgelassen, entweicht die Luft durch die kleine Öffnung. Die Luft strömt nach hinten, und der Ballon bewegt sich wie eine Rakete nach vorn. Dies nennt man Rückstoß-Prinzip.

AUSPROBIEREN
Materialien: Schnur (ca. 10 m lang), Luftballon, Strohhalm, Klebeband;

1–4 Forscher
1 Forscherassistent

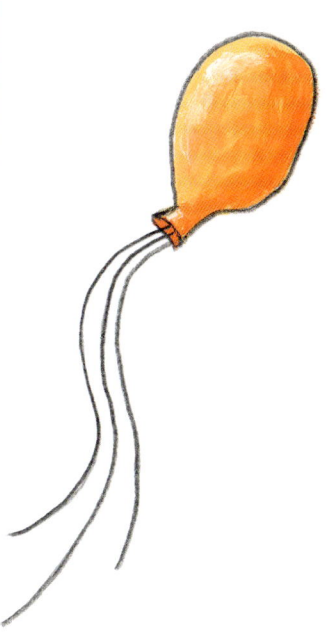

Übersicht nach Altersstufen

	Motorik und Bewegung	**Sprache**
bis ca. 6 Monaten	greift nach Gegenständen; nimmt Gegenstände von einer Hand in die andere; hat Spaß an Kniereitern	plappert in wechselnden Tonhöhen; drückt durch Schreien und Mimik Wohlbefinden und Unbehagen aus
bis ca. 12 Monaten	kann ohne Hilfe frei sitzen; kann krabbeln; zieht sich an Möbeln hoch und beginnt sich entlangzuhangeln; hält Dinge in einer Hand fest; greift und betastet Gegenstände intensiv; kann kleine Gegenstände im Pinzettengriff greifen (mit Daumen und Zeigefinger)	ahmt Mundbewegungen und Geräusche nach; produziert Doppelsilben (dadada) und Silbenketten zunächst ohne Sinnbezug; beginnt die Bedeutung von Wörtern zu verstehen; zeigt auf benannte Gegenstände; kann 2 bis 3 korrekt ausgesprochene Wörter mit Bedeutung sagen
bis ca. 18 Monaten	kann sicher gehen und das Gleichgewicht halten; kann einen Turm aus zwei Klötzen bauen; kann Gegenstände in ein Gefäß tun oder herausholen kann Kreise malen; kann ein paar Schritte rückwärts gehen; kann sich bücken und etwas aufheben	kann einzelne Wörter sagen, diese aber vielleicht noch nicht korrekt aussprechen; versteht mehr Wörter, als es selbst sagen kann; spricht Einwortsätze; nennt seinen Vornamen
bis ca. 2 Jahren	rennt viel und sicher; baut einen Turm aus mehreren Klötzchen; kann Dinge aufschrauben, zusammenfügen und auseinandernehmen; kann einen Reißverschluss öffnen	verwendet Zweiwortsätze; versteht einfache alltägliche Fragen und Aufforderungen; bezeichnet Gegenstände, Personen und erste Tätigkeiten; bildet bejahende und verneinende Sätze
bis ca. 3 Jahren	beginnt zu klettern; kann auf einem Bein hüpfen; will helfen, Dinge hin und her tragen und mit anpacken; kann mit kleiner Hilfestellung essen und trinken; kann Stifte halten; schraubt Flaschen oder Dosen auf	spricht von „Ich" und „Du"; beherrscht die Umgangssprache weitgehend; verwendet die Mehrzahl; stellt „Was"- und „Wo"-Fragen; versteht Präpositionen, z. B. *in, auf, über, unter;* erfindet neue Wörter

Entwicklungsphasen des Kindes

Wahrnehmung	Sozialverhalten	Denkschritte
entdeckt seine nächste Umgebung mit allen Sinnen; nimmt Stimmungen, Stimmklang und Satzmelodie wahr; hält Blickkontakt	wendet sich sprechenden Personen zu; lächelt beim Anblick der Bezugsperson; will alles sehen und greifen	kann Vorstellung von Gegenständen als Erinnerung abspeichern; sucht mit seinem Blick nach Gegenständen, die aus seinem Blickwinkel verschwinden
untersucht Gegenstände intensiv mit Hand, Augen und Mund; erkennt nun Dinge außerhalb seiner Reichweite und streckt gezielt die Hände danach aus	klatscht und winkt; äußert deutlich seine Wünsche (ohne dabei zu schreien); ruft den Erwachsenen und sucht dessen Aufmerksamkeit; kann bekannte und unbekannte Personen unterscheiden (Fremdeln); ahmt Handlungen und Gesten nach; beobachtet andere Kinder beim Spielen	beginnt Auswirkungen von einfachen Handlungen und erste Zusammenhänge von Ursache und Wirkung zu begreifen, z. B. das Licht geht an, wenn man den Lichtschalter drückt; versteht kleine Aufforderungen; erkennt sein eigenes Spiegelbild
erkennt Dinge wieder und zeigt auf Bekanntes; lauscht Musik und unterschiedlichen Geräuschen; prüft Dinge (schüttelt, rollt, klopft sie)	imitiert Alltagshandlungen; hat noch keine festen Spielkameraden, spielt aber gern in der Nähe anderer Kinder, beobachtet sie interessiert und ahmt sie nach; bringt Zuneigung und Ablehnung zum Ausdruck	erfasst die Menge 1; versteht einfache Ver- und Gebote; mag Kinderreime und Fingerspiele
erforscht die eigene Umgebung „zweckfrei"; spielt gern mit Sand, Wasser, Knetmasse, Fingerfarben; wiederholt immer wieder einfache Handlungen	spielt mit anderen Fangen; kann Gefühle noch nicht mit Worten ausdrücken, das Kind reagiert daher oft frustriert	entwickelt räumliche Vorstellung (Kisten werden ein- und ausgeräumt); will immer mehr selbst machen (Haare bürsten, allein mit dem Löffel essen)
sammelt, vergleicht Gegenstände und erkennt sie wieder, kategorisiert sie; kann allmählich selbst gestalten und Beobachtungen machen	sucht sich andere Kinder als Spielpartner; beginnt, sich mit Gleichaltrigen zu streiten, handelt und lernt aber auch gemeinsam mit ihnen; kann sich noch nicht in andere hineinversetzen; ausgeprägtes Rollenspiel	geht selbst auf Entdeckungsreise und wird selbstständiger; bezieht Maße, Symbole und Zeichen in das Denken mit ein; beginnt, Dinge nach Form, Farbe, Material und Größe zu sortieren

Übersicht nach Altersstufen

	Motorik und Bewegung	Sprache
bis ca. 4 Jahren	vertieft sich in Handlungen; kann und will vieles eigenständig machen, z. B. anziehen, essen; kann einen Ball mit den Händen fangen; kann mit der Schere schneiden	versteht Sachverhalte und Aufgabenstellungen; erzählt kleine Geschichten, beschreibt, was Figuren machen bzw. was passiert; benutzt Präpositionen, z. B. *auf, über, unter, in, neben*; benutzt Tätigkeitswörter größtenteils richtig; bildet lange Sätze; versucht, Erfahrungen und Erlebnisse mit eigenen Worten auszudrücken; stellt viele „Warum"-Fragen; kann Gegensätze angeben;
bis ca. 5 Jahren	fängt einen Ball sicher; zieht sich ganz ohne Anleitung an; kann geschickt mit Werkzeug (Bleistift, Messer, Gabel, Schere) umgehen; kann Rad fahren	bildet grammatische Endungen richtig; kann Gefühle sprachlich ausdrücken; fragt nach Wörtern, die es nicht kennt
bis ca. 6 Jahren	lernt, zielgerichtet zu konstruieren, kann mit Hilfsmitteln und Werkzeugen geübt umgehen; kann z. B. ein Haus, einen Baum, eine Sonne zeichnen; kann eine Schleife binden; kann seilspringen	beherrscht Kommunikationsregeln sicher; erweitert ständig seinen Wortschatz, vor allem in spezielleren Sachgebieten; bildet konkretere Warum-Fragen, um Zusammenhänge zu verstehen und Erfahrungen bestätigt zu bekommen

Entwicklungsphasen des Kindes

Wahrnehmung	Sozialverhalten	Denkschritte
sammelt nach wie vor Dinge und vergleicht Situationen; hat Spaß am Gestalten und Konstruieren; kann Grundfarben und Formen erkennen und benennen	lernt zu teilen; freut sich über das Selbsterreichte; versteht, dass beim Spielen auch andere Kinder an der Reihe sind; unterscheidet gut und böse / gerecht und ungerecht	stellt unermüdlich Fragen *(warum, wieso, wie, woher, wo, wann)*; steckt sich bewusste Handlungsziele, z. B., wenn ein Turm besonders hoch gebaut werden soll; übt sich bei Konstruktionsspielen im Größen- und Längenvergleich; entwickelt ein enormes Gedächtnis (Puzzles und Memospiele); einfache Mengen, Zahlen- und Zeitbegriffe werden verstanden; hat eine Vorstellung von Vergangenheit, Gegenwart und Zukunft
	hat Interesse an der Umwelt außerhalb der Familie; hat erste Freundschaften; kann Regeln akzeptieren; hat Interesse an der Vergangenheit und der Zukunft	erfasst Mengen über 3; kennt Jahreszeiten und Wochentage; kann Handlungen vorausplanen; kann Details auf Bildern erfassen und beschreiben
kann erste Experimente im wissenschaftlichen Sinne machen; setzt sich gezielt mit der Umwelt auseinander; sucht nach Erklärungen für Beobachtetes; versteht erste naturwissenschaftliche und mathematische Zusammenhänge (Mengen, Größenverhältnisse, Zahlen)	sucht eigenständig nach Erklärungen; kann viele Experimente nun auch allein durchführen; setzt eigene Ideen für neue Experimente um; experimentiert zusammen mit Geschwistern und Freunden; wetteifert mit Gleichaltrigen	lernt mühelos Lieder und Reime Wort für Wort auswendig; lernt durch Erfahrungen und eigenes Tun; entwickelt ein Zeitgefühl; kann seinen Namen in Buchstaben zusammensetzen; übt sich im Zählen und Rechnen

Experimente- und Spieleübersicht

Name des Experiments bzw. des Spiels	Forscher/ Mitspieler	Alter	Themenkreis	Ort	Seite
Ausprobieren					
Luftbilder	1–4	0–2	Elemente	🏠🌳	18
Die ersten Kunstwerke	1	0–2	Farben	🏠🌳	26
Rindenbilder	2–6	2–3	Pflanzen	🌳	34
Wassertropfenbilder	1–4	2–3	Wetter	🌳	39
Bilder aus „Erdfarbe"	1–4	2–3	Elemente	🏠🌳	42
Fiepende Grashalme	1–4	3–4	Pflanzen	🌳	68
Teequiz	1–2	3–4	Pflanzen	🏠	68
Reiben und Schmieren	2–4	3–4	Technik	🏠	96
Manches fällt nicht nach unten	2–6	3–4	Technik	🏠🌳	99
Rieselbilder aus Sand	1–4	4–6	Elemente	🌳	118
Bunte T-Shirts	1–2	4–6	Farben	🏠	135
Aufräumen im Wasserglas	1–2	4–6	Technik	🏠🌳	145
Wie fest ist Papier?	1–4	4–6	Technik	🏠	148
Wie fliegt eine Rakete?	1–4	4–6	Technik	🏠🌳	149
Ausprobieren und Spielen					
Was fließt denn da?	2–4	0–2	Elemente	🏠🌳	19
Eine Regenbogendusche	1	3–4	Wetter	🌳	72
Welcher Ball hüpft besser?	2–6	3–4	Elemente	🏠🌳	76
Lustige Luftwiese	2–3	3–4	Elemente	🏠	76
Kann Luft bremsen?	2–20	4–6	Elemente	🌳	122
Basteln					
Kartoffeldruck	1–4	3–4	Farben	🏠	88
Becherlupe selbst gebaut	1–2	4–6	Pflanzen	🏠🌳	108
Fliegende Samen	1–6	4–6	Pflanzen	🏠🌳	111
Basteln und Beobachten					
Ein kunterbuntes Luftmobile	1	0–2	Elemente	🏠	18
Wenn die Sonne malt	1	2–3	Farben	🏠	56
Blumen pressen	1–4	3–4	Pflanzen	🏠	67

Experimente- und Spieleübersicht

Name des Experiments bzw. des Spiels	Forscher/Mitspieler	Alter	Themenkreis	Ort	Seite
Viele bunte Farben	1–4	3–4	Farben	🏠	89
Eine kleine „Wetterstation"	1	4–6	Pflanzen	🏠 🌳	107
Ein schwebender Ballon	1	4–6	Elemente	🌳	123
Schmetterlingsblüten	1–4	4–6	Tiere	🏠 🌳	128
Wasserzeichen	1–4	4–6	Farben	🏠	134
Muster im Kaleidoskop	1–2	4–6	Farben	🏠	136/137
Basteln und Experimentieren					
Wie doll hats geregnet?	1–2	2–3	Wetter	🌳	38
Flüstertüte	1–2	2–3	Schall	🏠	60
Knalltüte	1–3	3–4	Schall	🏠 🌳	94
„Flöte" aus Papier	1–2	4–6	Schall	🏠	141
Basteln und Spielen					
Rasseln basteln	1	0–2	Schall	🏠	30
Wetterdomino	3–4	2–3	Wetter	🏠	41
Tiermemo	2	2–3	Tiere	🏠	51
Farbwürfelspiele	2–4	2–3	Farben	🏠	54
Tiere sortieren	4–6	3–4	Tiere	🏠	84
Bauen und Ausprobieren					
Trommel bauen	1–2	2–3	Schall	🏠	58
Ein kleines Iglu	1–4	4–6	Wetter	🌳	117
So baut man einen Kompass	1–2	4–6	Technik	🏠	147
Bauen und Beobachten					
Windrichtung	1–2	4–6	Wetter	🏠 🌳	113
Wie spät ist es?	1–2	4–6	Wetter	🌳	115
Wie viel Wasser ist in der Luft?	1–2	4–6	Wetter	🌳	116
Beobachten					
Viele verschiedene Blumen	2–4	0–2	Pflanzen	🌳	12
Welches Wetter ist heute?	1–2	0–2	Wetter	🏠 🌳	14
Das Windrad	1–2	0–2	Wetter	🌳	15
Schüttelwunder	1	0–2	Elemente	🏠	21
Farbenwelt	1	0–2	Farben	🏠 🌳	25
Licht und Schattenbilder	1	0–2	Farben	🏠	25
Lichtkegel	1	0–2	Farben	🏠	26

Name des Experiments bzw. des Spiels	Forscher/ Mitspieler	Alter	Themenkreis	Ort	Seite
Spieglein, Spieglein …	1	0–2	Farben	🏠 🌳	27
Tierdetektiv	1–3	2–3	Tiere	🏠 🌳	48
Vogelwelt	1–3	2–3	Tiere	🏠 🌳	49
Käferexpedition	1–4	2–3	Tiere	🌳	50
Schattenbilder	2	2–3	Farben	🏠	56
Es regnet im Bad!	1–3	3–4	Wetter	🏠	73
Tierspuren	1–4	3–4	Tiere	🌳	84
Woher kommt der Frosch?	1–3	3–4	Tiere	🌳	85
Ameisenstraße	1–4	3–4	Tiere	🌳	86
Wie stark weht der Wind?	1–2	4–6	Wetter	🏠 🌳	112
Kleines Wolkenlexikon	2–6	4–6	Wetter	🏠 🌳	114
Weiße Schlangen	1–5	4–6	Elemente	🏠	125
Bewegungsspiele					
Alle meine Entchen	2	0–2	Tiere	🏠	23
Kleiner Nachahmer	2–6	0–2	Schall	🏠	28
Wirbelsturm	4–20	2–3	Wetter	🏠	39
Häschen in der Grube	5–15	2–3	Tiere	🏠 🌳	52
Ein Hut, ein Stock …	2–10	2–3	Schall	🏠	59
Erkunden					
Regensee und Matschloch	2–4	2–3	Pflanzen	🌳	34
Wie alt ist ein Baum?	1–2	4–6	Pflanzen	🌳	106
Experimentieren					
Wie warm wird das Glas?	3–4	2–3	Elemente	🏠	47
Eine schwere Last	1	2–3	Technik	🏠 🌳	61
Die Haare stehen zu Berge	1–4	2–3	Technik	🏠	62
Machen Erbsen Geräusche?	1	3–4	Pflanzen	🏠	69
Trocken oder nass?	1	3–4	Elemente	🏠	79
Wer ist schneller?	1	3–4	Technik	🏠	96/97
Schweres mal ganz leicht	1	3–4	Technik	🏠	98
Zwei sich streitende Luftballons	2–10	3–4	Technik	🏠	100
Ein Vulkan im Sandkasten	1	4–6	Elemente	🌳	118

Ich mach mit!

Experimente- und Spieleübersicht

Name des Experiments bzw. des Spiels	Forscher/ Mitspieler	Alter	Themenkreis	Ort	Seite
Kullernde Tropfen	1–2	4–6	Elemente	🏠	119
Seifenboot	1–4	4–6	Elemente	🏠	120
Ein dickes Fell	1–4	4–6	Tiere	🏠	129
Der Lauscher an der Tür	2–4	4–6	Schall	🏠	142
Klingende Lineale	1–4	4–6	Schall	🏠	143
Experimentieren und Beobachten					
Wattepflanzen	2–4	2–3	Pflanzen	🏠	36
Aus Schnee wird Wasser	1–2	2–3	Wetter	🏠 🌳	40
Was steckt in der Erde?	1–6	2–3	Elemente	🌳	43
Blubberblasen	1	2–3	Elemente	🏠	44
Was schwimmt?	1	2–3	Elemente	🏠	46
Was trinken Pflanzen?	1–4	3–4	Pflanzen	🏠	70
Sind Bohnensamen lebendig?	1–6	3–4	Pflanzen	🏠	71
Eine Sonnenkartoffel	1–2	3–4	Wetter	🌳	75
Eine kleine Filteranlage	1–2	3–4	Elemente	🏠	77
Woraus besteht die Erde?	1–2	3–4	Elemente	🏠 🌳	78
Dem Feuer geht die Luft aus	3–4	3–4	Elemente	🏠	81
Farben wegzaubern	1–4	3–4	Farben	🏠	88
Farbenmacher	1–4	3–4	Farben	🏠	90/91
Kann man Geräusche sehen?	1–2	3–4	Schall	🏠	95
Wie kommt Wasser in die Wurzeln?	1–4	4–6	Pflanzen	🏠	104
Können Pflanzen schwitzen?	1–4	4–6	Pflanzen	🌳	105
Kann man Blumen färben?	1–4	4–6	Pflanzen	🏠	109
Zimmerwölkchen	1–3	4–6	Wetter	🏠	114
Wasser und Öl	1–4	4–6	Elemente	🏠	121
Feuerlöscher	1	4–6	Elemente	🏠	124
Unsichtbare Tinte	1–4	4–6	Farben	🏠	134
Was kann ein Magnet?	1–4	4–6	Technik	🏠	144
Eine anziehende Umgebung	1	4–6	Technik	🏠	144
Kraft weitergeben	1–2	4–6	Technik	🏠	146

Name des Experiments bzw. des Spiels	Forscher/ Mitspieler	Alter	Themenkreis	Ort	Seite
Fingerspiel					
Bunte Fingerschar	2	0–2	Farben	🏠	27
Fühlen und Ausprobieren					
Was rieselt und was matscht?	2–4	0–2	Elemente	🌳	16
Worauf krabble oder laufe ich?	2–4	0–2	Elemente	🌳	17
Kann man Wasser kneten?	1–2	0–2	Elemente	🏠	20
Wie sieht es im Apfel aus?	1–2	2–3	Pflanzen	🏠	37
Wasserspiele	1–3	2–3	Elemente	🏠 🌳	45
Klangspiel					
Klänge erzeugen	1–2	0–2	Schall	🏠	28
Körpergeräusche	2	0–2	Schall	🏠	29
Glasmusik	3–4	3–4	Elemente	🏠	80
Rasselmusik	2–4	3–4	Schall	🏠	92
Ein singender Löffel	1–2	4–6	Schall	🏠	138
Ordnen					
Lauter Steine	1	0–2	Elemente	🏠 🌳	17
Wo wohnst du?	2–4	0–2	Tiere	🏠 🌳	22
Was gehört zusammen?	1–2	4–6	Pflanzen	🏠 🌳	110
Rätsel					
Wer steht da im Walde?	1	2–3	Pflanzen	🏠 🌳	35
Was habe ich in meiner Hand?	1–4	2–3	Elemente	🏠 🌳	42
Tierrätsel	2–4	2–3	Tiere	🏠 🌳	51
Scherzfragen	2–6	3–4	Tiere	🏠 🌳	82
Sammeln und Bauen					
Bunte Waldmandalas	2–4	0–2	Pflanzen	🌳	13
Sammeln und Beobachten					
Im Blätterwald	2–4	0–2	Pflanzen	🌳	12
Auf Baumsafari	1	3–4	Pflanzen	🌳	66
Regenwürmer in der Erde	1–4	3–4	Tiere	🏠 🌳	83
Die kleine Raupe	1–4	4–6	Tiere	🏠 🌳	126/127
Tiere mit eigenem Haus	1–4	4–6	Tiere	🏠 🌳	130/131

Experimente- und Spieleübersicht

Name des Experiments bzw. des Spiels	Forscher/ Mitspieler	Alter	Themenkreis	Ort	Seite
Spielen					
Kuscheltiergesang	1–3	0–2	Tiere	🏠	22
Federleicht	2–4	2–3	Elemente	🌳	44
Grün sind alle meine Kleider	2–4	2–3	Farben	🏠	57
Tierpantomime	5–10	3–4	Tiere	🏠 🌳	82
Hörspiel mit Schachteln	2	4–6	Schall	🏠	139
Spielen und Beobachten					
Große Tiere	1–3	0–2	Tiere	🏠 🌳	23
Fußabdruck	2–4	2–3	Farben	🏠 🌳	55
Sprechverse					
Wind, Wind, wehe …	1–2	0–2	Wetter	🌳	15
Heute buddeln wir …	2–4	0–2	Elemente	🌳	16
Was patscht und klatscht?	1–2	0–2	Elemente	🏠	20
Die zwei Wasserwellen	2	0–2	Elemente	🏠	21
Es regnet	2–4	2–3	Wetter	🏠	38
Was soll das auf dem Wasser sein	1	2–3	Elemente	🏠	46
Der Drache Feuersturm	3–4	2–3	Elemente	🏠	47
Der Wassertropfen	2	3–4	Wetter	🏠	73
Vorlesen und Erkunden					
Lieblingsessen	2–6	0–2	Tiere	🏠	24
Konrad plappert alles nach	2–6	2–3	Tiere	🏠	53
Wie schläft Konrad?	2–6	3–4	Tiere	🏠	87
Ist Konrad krank?	2–6	4–6	Tiere	🏠	132/133
Wahrnehmen					
Spürst du den Wind?	1	0–2	Wetter	🏠	14
Essen hören	2	2–3	Schall	🏠	60
Eine kleine Wettermassage	2–8*	3–4	Wetter	🏠 🌳	74
Ein Hörspaziergang	1–4	3–4	Schall	🏠 🌳	92
Schlauchtelefon	1–2	3–4	Schall	🌳	93
Warum haben wir zwei Ohren?	1–4	4–6	Schall	🏠	140

* nur gerade Anzahl

Spielerische Sprachförderung

Ob Kniereiter, Lieder, Spiele oder Reime – das „Sprachspielbuch" liefert die richtigen Förderspiele für jede Altersstufe, von der Geburt bis zum Schulanfang.

Mein Sprachspielbuch
192 Seiten, gebunden
ISBN 978-3-411-73751-2
14,95 € (D); 15,40 € (A)

In diesem Standardwerk finden Eltern und Erzieher die 3 000 wichtigsten Wörter, die Kinder zum sicheren Schuleinstieg benötigen. Mit Vorlesegeschichten.

Das Kindergarten-Wörterbuch
192 Seiten, gebunden
ISBN 978-3-411-73021-6
9,95 € (D); 10,30 € (A)